歩行開始期の仲間関係における自己主張の発達過程に関する研究

野 澤 祥 子 著

風 間 書 房

目　次

第1部　序　論

序　章　論文の目的と各章の構成………………………………………… 3
0.1　はじめに………………………………………………………………… 3
0.2　論文の構成……………………………………………………………… 5

1章　歩行開始期の仲間関係における自己主張の発達を検討する
　　　意義……………………………………………………………………… 11
1.1　歩行開始期における自己主張………………………………………… 11
1.2　歩行開始期の仲間関係における自己主張の発達を検討する意義…… 12
1.3　自己主張の定義………………………………………………………… 16

2章　歩行開始期の仲間関係における自己主張の発達に関する先行
　　　研究とその問題点…………………………………………………… 20
2.1　歩行開始期の仲間関係に関する研究の歴史………………………… 20
2.2　仲間関係における自己主張の出現と歩行開始期における発達的
　　　変化……………………………………………………………………… 22
2.3　仲間同士の葛藤に対する保育者の介入……………………………… 24
2.4　仲間関係における自己主張および保育者の介入に関する研究の
　　　問題点…………………………………………………………………… 26

ii   目   次

3章　研究のアプローチ，研究の概要および観察の手続き ………… 31

　3.1　関係における変化過程を検討する関係的─歴史的アプローチ…… 31

　3.2　研究1〜研究4の概要と研究の構成……………………………… 39

　3.3　観察調査の手続き ………………………………………………… 44

第2部　歩行開始期の仲間関係における自己主張の発達的変化 および保育者の介入に関する検討

4章　研究1：歩行開始期の仲間関係における自己主張の発達的変化
　　　─自己主張に伴う情動的側面と発達的軌跡の違いを考慮した分析─…… 51

　4.1　問題と目的…………………………………………………………… 51

　4.2　方　法………………………………………………………………… 55

　4.3　結　果………………………………………………………………… 58

　4.4　考　察………………………………………………………………… 64

5章　研究2：歩行開始期の仲間関係における自己主張に対する
　　　保育者の介入─子どもの自己主張の仕方に応じた保育者の介入に
　　　関する検討─ ………………………………………………………… 69

　5.1　問題と目的…………………………………………………………… 69

　5.2　方　法………………………………………………………………… 70

　5.3　結果と考察…………………………………………………………… 74

第3部　歩行開始期の仲間関係における主張的やりとりの 発達過程の検討

6章　研究3：歩行開始期の仲間関係における主張的やりとりの
　　　発達過程─発達過程の共通性に着目した検討─……………………… 85

目　次　iii

　6.1　問題と目的……………………………………………………85
　6.2　分析対象………………………………………………………89
　6.3　各分析の方法および結果と考察……………………………90
　6.4　総合的考察…………………………………………………101

7章　研究4：歩行開始期の子ども同士のやりとりにおける
　　　自己主張の発達過程－発達過程の個別性や保育者の介入との
　　　関連に着目した質的分析－…………………………………105
　7.1　問題・目的…………………………………………………105
　7.2　方　法………………………………………………………108
　7.3　結果と考察…………………………………………………112
　7.4　総合的考察…………………………………………………133

第4部　総　括

8章　結　論…………………………………………………………145
　8.1　研究1～研究4において示唆されたこと…………………145
　8.2　関係的－歴史的アプローチの視点からの考察……………154
　8.3　実践への示唆………………………………………………162
　8.4　本論文の意義と今後の課題………………………………165

終　章　まとめ……………………………………………………169

引用文献………………………………………………………………173
付　記…………………………………………………………………181
謝　辞…………………………………………………………………183

第 1 部
序　　論

序　章　論文の目的と各章の構成

0.1　はじめに

　他者とのやりとりにおいては，互いの意図や要求がぶつかり合う場面がたびたび生じる。こうした葛藤的場面で明確に自己の意図や要求を伝えることは，主体的に他者と関わっていく上で重要だと考える。一方で，自分の要求を無理やり力で押し通そうとすれば，友好的な関係を築くことは難しいだろう。他者とよい関係を維持しながら自分の要求を明確に伝えるために有効な方法の一つは，言葉で自己主張することであると考えられる。興味深いことに，子ども同士の間で言葉によって自己主張し合うやりとりは，2歳という低年齢の時期にも観察される。1～2歳代の子どもが所属する保育所の1歳児クラスにおける観察事例を挙げてみよう。

> 　2月。B（男児，生後33ヵ月）が保育室のテーブルで，椅子に座り，複数の穴があいた箱に棒を差し込む玩具で遊んでいる。そこへ，E（女児，生後30ヵ月）がやってきて，Bの肩をたたいて顔を覗きこみ，「あとでかしてね。わかった？」と話しかける。Bは「いいよ。」と答える。Eは，「やった，やった，やった，やった。」と言ってジャンプする。Bは「まってて。」と言う。Eが「え？」と聞き返すと，Bはもう一度「待ってて。」と言う。Eはテーブルの向かい側に立ち，Bの様子を見ながら，Bが貸してくれるのを待とうとする。
> ※（　）内は性別・月齢

　この事例で，Eは「あとでかしてね。」という表現により，自分が使いたいという意思を伝えている。それに対しBは「いいよ。」と応じるが，その後に「まってて。」と自分が終わるまで待っていてほしいということを明確

に伝えている。この事例のように，２歳後半には，言葉で自分の要求を伝え合うやりとりがみられるようになる。これより前の１歳から２歳前半の時期には，こうしたやりとりはあまりみられず，無言で相手の使用している玩具を取り上げようとしたり，玩具を貸すことを強く拒否したりするなど，力で自分の要求を押し通そうとする行動も目立つ。上記の事例は，保育所の事例であり，保育者の援助がこうしたやりとりを導いた可能性は否めない。しかし，保育者の助けを借りながらではあっても，子ども同士の間で，言葉による自分の要求の伝え合いが萌芽してくることは，注目すべき大きな発達的変化だと思われる。

　では，自分の要求を力で押し通そうとするところから，言葉で自己主張することへの変化は，どのような過程を経て生じてくるのだろうか。先述のように，言葉で自己主張し合うことは，他者との関係性を維持しながら自分の要求を明確に伝え合うために有効な方法だと考えられる。しかし，他者と葛藤する場面で言葉によって自己主張をする場合には，言語的なスキルだけでなく，自分の欲求をそのまま表出せずにいったん抑えることが必要とされるため，低年齢の子どもにとって決して容易ではないと考えられる。その容易ではない課題を達成していく過程を検討することは，子どもの社会的発達を理解する上で大変興味深い。それと同時に，子どもがその課題を達成するためにどのような援助が必要かについての実践的示唆を得るためにも，重要なことだと思われる。そこで本論文では，「子ども同士のやりとりにおいて，言葉での自己主張は，どのような過程を経て生じてくるのだろうか」という問いを中心的な問いとする。そして，保育所の１歳児クラスにおける縦断的観察データについて，子ども同士のやりとりにおける自己主張の発達過程を詳細に分析し，この問いについて明らかにすることを目的とする。ただし，先述のように，保育者が発達過程に関わっていることが考えられることから，保育者の関わりについても検討に含め，保育所における他者とのやりとりを通じた自己主張の発達過程を包括的に捉えることを目指す。

分析においては，「関係的—歴史的アプローチ（relational-historical research approach）」（Fogel, Garvey, Hsu, & West-Storming, 2006）を参照する。これは，他者とのやりとりや関係性をダイナミックなシステムとして捉え，その発達的移行の過程を個々のケースごとに詳細に分析する研究のアプローチである。従来の研究では，比較的間隔の広い数時点における，集団の平均値等の推移によって発達的変化を検討している場合が多く，その間の変化の“過程”についてはあまり検討されていない。一方，関係的—歴史的アプローチでは，間隔の狭い頻回の観察から得られたデータを詳細に分析することにより，発達的変化の過程を明らかにしようとする。そのため，自己主張を含むやりとりの発達過程を明らかにするためにも，有効な方法であることが期待できる。

以上から本論文の中心的な問いと目的は以下の通りである。

中心的な問い：歩行開始期の子ども同士のやりとりにおいて，言葉での自己主張は，どのような過程を経て生じてくるのだろうか。
目的：保育所の1歳児クラスにおける縦断的観察データについて，「関係的—歴史的アプローチ」を参照しながら，子ども同士のやりとりにおいて言葉による自己主張が生じてくる過程を，保育者の関わりを含めて詳細に明らかにする。

0.2 論文の構成

本論文の構成は以下の通りである。本論文の構成については，Figure 0.1 にも示した。

「第1部　序　論」は，以下の4章から構成される。
序　章（本章）
序章（本章）では，論文の目的と各章の構成について述べる。

6　第1部　序　論

1章　歩行開始期の仲間関係における自己主張の発達を検討する意義

　1章では，まず，歩行開始期における自己主張について概説した後，歩行開始期の仲間関係における自己主張に着目する意義と，保育の場における歩行開始期の仲間関係に着目する意義を述べる。また，本論文で自己主張をどのように捉えるかを整理しておく。

2章　歩行開始期の仲間関係における自己主張の発達に関する先行研究とその問題点

　2章では，歩行開始期の仲間関係に関する研究の歴史を簡単に述べた上で，歩行開始期の仲間関係における自己主張，および保育者の介入に関する先行研究を概観する。さらに，先行研究で検討が不十分な点を指摘して，本研究の課題を提示する。

3章　研究のアプローチ，研究の概要および観察の手続き

　3章では，まず，本論文で参照する関係的―歴史的アプローチについて説明する。その上で，本論文の目的と2章で提示した課題に基づいて行なう4つの研究の概要と構成について述べる。これら4つの研究は，いずれも1保育所の1歳児クラスを対象とした観察調査によって得られたデータを分析するものであるため，研究間に共通している観察調査の手続きについてもここで記述しておく。

　続く第二部と第三部は，4つの研究についての記述である。第二部では研究1と研究2について，第三部では研究3と研究4について述べる。3章で詳しく説明するが，関係的―歴史的アプローチを参照した研究を行なう以前に，その準備として先行研究の知見を発展させる研究が必要である。そこで，研究1と研究2で関係的―歴史的アプローチへの準備を行ない，研究3と研究4で関係的―歴史的アプローチを参照した研究を行なう。

　「第2部　歩行開始期の仲間関係における自己主張の発達的変化および保

育者の介入に関する検討」では，研究1と研究2を記述する。先述のように，
これらの研究は，関係的－歴史的アプローチへの準備としての役割を果たす
ものである。

4章　研究1：歩行開始期の仲間関係における自己主張の発達的変化－自己主張に伴う情動的側面と発達的軌跡の違いを考慮した分析－

　4章では，研究1について記述する。関係的－歴史的アプローチでは，発
達的移行の過程について分析を行なうため，どの時期のどのような発達的移
行に焦点を当てるかをある程度特定しておく必要がある。しかし，歩行開始
期の仲間関係における自己主張に関する先行研究では，検討が不十分な点が
あり，焦点を当てるべき発達的移行の時期や内容を特定するために十分な知
見が得られていない。そこで，研究1では，自己主張の発達的変化に関して
より詳細な検討を行なう。

5章　研究2：歩行開始期の仲間関係における自己主張に対する保育者の介入－子どもの自己主張の仕方に応じた保育者の介入に関する検討－

　5章では，研究2について記述する。本論文では，保育者の関わりも含め
て検討するため，研究2では，子どもの自己主張に対する保育者の介入の特
徴を把握する。特に，保育者が子どもの自己主張の仕方の違いに応じてどの
ような介入をするのかという点について分析を行なう。

　「第3部　歩行開始期の仲間関係における主張的やりとり[1]の発達過程の
検討」では，研究3と研究4を記述する。これらの研究では，関係的－歴史
的アプローチを参照しながら，研究1の結果に基づいて特定した発達的移行
期における，自己主張を含むやりとりの発達過程を検討する。関係的－歴史
的アプローチでは，(1)やりとりのパターンを分類して，その発達的変化を量
的に分析し，ケース間の共通性を把握する方法と，(2)個々のケースについて

---

[1]自己主張を含むやりとりを「主張的やりとり」と呼ぶ。

8　第1部　序　論

発達的変化を質的に分析し，発達過程をより精緻に描き出す方法を組み合わせることを提案している。本論文においては，主に，研究3で(1)の量的分析を，研究4で(2)の質的分析を行なう。また，研究4では，研究2の結果を参照しつつ，保育者の介入についても検討する。

6章　研究3：歩行開始期の仲間関係における主張的やりとりの発達過程－発達過程の共通性に着目した検討－

　6章では，研究3について記述する。研究3では，子ども同士の主張的やりとりの発達過程について，特に子ども間に共通する変化についての分析を行なう。まず，主張的やりとりのパターンを分類し，各パターンの発達的軌跡を描出する。さらに，個々の事例を時系列に並べて子ども同士の主張的やりとりの展開過程を分析し，やりとりの展開過程がどのように変化して，新しいやりとりのパターンが出現したり増加したりするのかについての検討を行なう。

7章　研究4：歩行開始期の子ども同士のやりとりにおける自己主張の発達過程－発達過程の個別性や保育者の介入との関連に着目した質的分析－

　7章では，研究4について記述する。研究4では，2人の子どもを対象とし，それぞれの子どもが他児との間で経験した主張的やりとりについて質的分析を行なう。これにより，子ども同士のやりとりにおける自己主張の発達過程をより精緻に描き出すことを目指す。その際に，それぞれの子どもによる発達過程の違いや，保育者の関わりの発達過程への影響などにも着目しながら分析を行なう。

　「第4部　総　括」では，以下の2章において本論文の総括を行なう。

8章　結　論

　8章では，各研究の結果を要約するとともに，2章で提示した研究の課題について各研究でどのようなことが示唆されたのかを説明する。その上で，歩行開始期の仲間同士のやりとりにおける自己主張の発達過程について，関

係的－歴史的アプローチからの考察を行なう。さらに，研究から得られた実践的示唆と今後の課題を述べる。

終　章　まとめ

　序章で述べた本論文の問いについてどのようなことが明らかにされたのかを要約し，本論文のまとめとする。

10　第1部　序　論

〈目的〉　保育所の1歳児クラスにおける縦断的観察データについて,「関係的―歴史的アプローチ」を参照しながら,子ども同士のやりとりにおいて言葉による自己主張が生じてくる過程を,保育者の関わりを含めて詳細に明らかにする。

〈論文の構成〉

第1部　序論

　序章：論文の目的と各章の構成

　1章：本論文の意義の説明

　2章：先行研究の概要と問題点の提示

　3章：研究のアプローチの説明

┄┄┄┄┄ 第2部・第3部　研究の記述 ┄┄┄┄┄

第2部：関係的―歴史的アプローチへの準備

　4章：研究1

　自己主張の発達的変化の詳細な検討→分析で焦点を当てる発達的移行の時期と内容の特定

　5章：研究2

　子どもの自己主張の仕方に応じた保育者の介入の検討→保育者の関わりの特徴の把握

第3部：関係的―歴史的アプローチを参照した,自己主張の発達過程の検討

　6章：研究3

　子ども間の共通性に着目した,自己主張の発達過程の分析

　7章：研究4

　発達過程の個別性や保育者の介入との関連に着目した,自己主張の発達過程の分析

第4部　総括

　8章：総合的考察と,実践的示唆および今後の課題の提示

　終章：まとめ

Figure 0.1　論文の目的と各章の構成

1章 歩行開始期の仲間関係における自己主張の発達を検討する意義

本章では，歩行開始期の仲間関係における自己主張について簡単に説明した上で，歩行開始期の仲間関係における自己主張に着目する意義と，保育の場における歩行開始期の仲間関係に着目する意義を述べる。また，本論文で自己主張をどのように捉えるかを整理しておく。

1.1 歩行開始期における自己主張

本論文では，保育所の1歳児クラスを対象とした約1年間の縦断的観察により，歩行開始期の仲間関係における自己主張の発達過程を検討する。

歩行開始期（toddler period または toddlerhood）は，1歳代から2歳代頃の乳児から幼児への心理的移行を達成する重要な時期として位置づけられる[1]（Brownell & Kopp, 2007; 坂上，2005）。特に1歳半以降には，親に対する強い反抗や自己主張がみられるようになり「第一次反抗期」とも呼ばれる。坂上（2005）は，1歳6ヵ月頃に象徴的表象の獲得とともに，自己が行為主体として認識されるようになり，自他の相違が明確に意識化されることにより，親に対する強い反抗や自己主張が生じると考えられると指摘している。近年，発達心理学において，こうした親に対する反抗や自己主張が，子どもの自律性の表れとして肯定的に受け止められ，その発達的変化が検討されるようになってきている。それらの研究では，2歳頃に多くみられる泣きやかんしゃくなど不快情動の表出を伴う行動や，親の要請や制限の無視などは3歳頃に

---

[1] 歩行開始期の始まりと終わりを何歳頃とするかは，研究者によって多少の違いがある。本論文では，Brownell & Kopp（2007）の定義に従い，1歳の前半から2歳の終わり頃までの時期とする。

12　第1部　序　　論

かけて減少し，単純な拒否や交渉など不快情動の表出を伴わない言語的な行動が増加することが示されている（Dix, Stewart, Gershoff, & Day, 2007;
Kuczynski, Kochanska, Radke-Yarrow & Girnius-Brown, 1987; Kuczynski & Kochanska, 1990; 坂上，2005など）。すなわち，泣きやかんしゃくなどによる反抗や自己主張が，3歳頃にかけて言葉によって相手を説得しようとする行動へと質的に変化するのである。

　では，仲間との関係において，自分を主張する行動はどのようにあらわれるのだろうか。杉山（2000a）は，1歳半頃から「自分でする」，「自分のもの」ということを他者に対してはっきりと主張するようになり，物の取り合いなどの葛藤が生じることを保育所での事例を挙げながら示している。一方で，2歳後半には，「いっぱい使ったら貸してあげる」と相手の要求も考慮しながら言葉で自己主張することも出てくるという（杉山，2000b）。序章で挙げた事例や杉山（2000a，b）の事例から，歩行開始期には，親との関係だけでなく，他児との関係においても自己主張があらわれ始め，次第に言葉で自己主張するようになることが示唆される。こうした仲間関係における自己主張の発達的変化は，どのような過程を経て生じるのだろうか。序章においても述べたように，この問いについて詳細に検討することが本論文の目的である。

1.2　歩行開始期の仲間関係における自己主張の発達を検討する意義

1.2.1　歩行開始期の仲間関係における自己主張に着目する意義
　先述のように発達心理学においては，親に対する自己主張が，子どもの自律性を示す発達的指標として肯定的に受け止められるようになってきている。しかし一方で，実際の他者との関係において自己主張するということには難しい側面も含まれる。もし，自分の要求を抑えて自己主張せずに全面的に相

1章　歩行開始期の仲間関係における自己主張の発達を検討する意義　13

手の要求に従おうとすれば，自己の主体性が発揮できないための葛藤を内に抱えることになるだろう。しかし，他者の意図や要求を考慮せずに一方的に自分の要求を押し通そうとすれば，他者に不快を生じさせ，他者との関係がうまく行かなくなってしまうかもしれない。自己の主体性の認識と他者の意図理解が進む歩行開始期において，子どもはこうしたジレンマを抱えることになる。すなわち，「自己を通そうとする気持ちと，他者に合わせ，他者に従おうとする気持ちとの間で葛藤する」（坂上，2005，p.6）ようになると考えられる。そして，大人との関わりにおいては，自己の意図と相手の意図を何とか調整しようとして奮闘する場面もみられるようになるのである（麻生・伊藤，2000）。

　こうしたジレンマは仲間関係においても生じる。山本（2002）が指摘するように，仲間との関係では「相手と喧嘩しそうになる自分と一緒に遊ぼうとする自分という，二つの矛盾した自己を二重化して同時に保つという難題」（p.111）があり，子どもはこの難題に取り組むようになっていくのである。先行研究において，3歳以上の幼児は，種々のスキルフルな方略を用いて自己主張や交渉を行なうことが示されている（Eisenberg & Garvey, 1981; Hay, Payne, & Chadwick, 2004; 倉持，1992; Laursen & Hartup, 1989; 高濱，1995；高坂，1996；山本，1991など）。例えば，3～4歳児では，相手の所有物が欲しい場合に，「貸して」や「ちょうだい」などの言葉を発したり，対象物を手に取って，相手の反応を一旦待つ場合が1～2歳児に比べて多く，観察された事例の過半数に上る（山本，1991）。また，5歳児は，遊びについての提案が他の子どもに一度で受け入れられなかった場合に，試行錯誤しながら交渉しようとする（高濱，1995）。このように，3歳以上の幼児は，自己主張や交渉をして自他の要求を調整しながら，仲間関係を紡いでいくと考えられる。そして，3歳になると3年保育の幼稚園に入園したり，保育所でも保育士1人あたりの子どもの人数が大幅に増えるなど，仲間同士の集団で自発的にやりとりすることが社会的にも期待されるようになるのである（山本，2000）。

14　第1部　序　　論

　一方で，3歳以上の時期に自他の要求を調整する力が育っていないと，他児との関係において困難を抱えることが指摘されている。例えば，3～4歳児では，攻撃や不快情動の表出といった未熟な行動と仲間関係における不適応が関連している（Hay et al., 2004）。また，近年，自分の要求通りにならないと乱暴になったりパニックになったりして，保育者や仲間との関係をうまく結べない「対応の難しい」子どもたちの存在が指摘されている（渡邉，2003）。

　こうした幼児期の「荒れ」の問題に対して，3歳未満の子どもの発達を丹念にみていくことや，保育を見直していく必要性が指摘されている（木下，2011；宮里，2003）。子どもは3歳になったら突然に他の子どもたちと要求を相互に調整しながら仲良く遊べるようになるのではなく，それまでの他者との関係の中で自他の要求を調整する方法を学んでいくと考えられる。特に，保育所では，杉山（2000a，b）の事例にもあるように，歩行開始期から他の子どもたちとの日々の関わりの中で自分の要求を主張したり，他の子どもの要求に直面したり，保育者の援助も受けながら自他の葛藤を調整したりする経験を積み重ねていく。そして，そうした経験を通じて，社会的ルールや道徳の基礎を学び（松永，2001），言葉で主張し合いながら自他の要求を調整するようになっていく可能性が考えられる。

　従来，子どもの仲間関係については，子ども同士のやりとりが盛んになる3歳以降の幼児を対象とした研究がより多くなされてきた。しかし，保育所等の複数の子どもたちが共に過ごす場では，それ以前の歩行開始期においても子ども同士の関わりが不可避的に生じる。したがって，子どもの仲間関係の発達の全体像を把握するためには，自己主張がみられ始める歩行開始期まで遡って，その実態をより詳細に検討していく必要があるだろう。また，先述のように，自己主張は難しさをも含むものであり，その発達過程を援助していくためにも，仲間関係における自己主張の発達についてより理解を深めていくことが求められる。

1.2.2　保育の場における歩行開始期の仲間関係に着目する意義

　以上の問題意識とも関わって，本論文では，保育所における歩行開始期の仲間関係について検討するが，これは今日の保育を取り巻く状況からみても意義のあることだと考えられる。荻野（1986）は，1983年の厚生労働省の資料から，その当時，保育所で保育を受けている３歳未満児は30万人近くに達することを指摘した。その上で，３歳未満児の発達を保障するよりよい保育を考えていく必要があることを主張している。それから約30年後の2015年の厚生労働省の資料によると[2]，2015年４月１日の時点で保育所を利用する３歳未満児は約90万人に達し，これは３歳未満の子どものうちの28.8％にあたる。そのうち，１～２歳児は約77万人でこの年齢の子どもの37％に達する。すなわち，１～２歳児の３人に１人以上が保育所を利用していることになる。この数字は年々増加しており，前年度と比べても約２％増である。また，現在，社会的な問題としても取り沙汰されている待機児童数は，１～２歳児が最も多く約１万７千人であり，全待機児童数の70％以上を占める。現在，乳児期・歩行開始期において保育所で育つことは決して特殊なことではないばかりでなく，３歳未満児の保育がますます必要とされているといえるだろう。

　一方，核家族化が進む今日においては，特に幼稚園入園前の３歳未満児を家庭で育てている親が孤立し，親子関係が閉鎖的・密着的になりがちとなることが指摘されている（荒牧，2008）。急な用事やリフレッシュの時間を持ちたい時であっても，親戚や知人に子どもを預けて外出することが困難な場合も多い。このような場合のために，多くの地域の行政が保育所等で一時保育を実施している。さらに，未就園児向けのクラスを準備している幼稚園も増えてきており（荒牧，2008），子どもが集団の中で同年齢の子どもたちと関わる経験を持つ場となっている。このように今日では，歩行開始期の子どもた

2）保育所関連状況取りまとめ（平成27年４月１日）
http://www.mhlw.go.jp/file/04-Houdouhappyou-11907000-Koyoukintoujidoukateikyoku-Hoikuka/00000098603.pdf

16　第1部　序　論

ちが保育の場で他の子どもと出会い，関わる機会を持つ場合が多くなってき
ていると考えられる。

　先述のように，歩行開始期は乳児から幼児への心理的移行を達成する重要
な時期である。親の需要に応じて保育の場を提供することは必要ではあるが，
単に保育の場の提供にととまらず，この時期の健やかな発達を保障する質の
高い保育のあり方を考えていく必要があるだろう。保育所における保育と，
一時保育や未就園児向けのクラスでは，他の子どもと関わる時間や頻度，保
育者の関わり等に違いがあり，保育所についての知見をそのまま適用するこ
とは難しい。しかし，保育所における歩行開始期の仲間関係の発達過程を精
緻に検討することによって，さまざまな保育の場における子ども同士の関わ
りについて考えるための，一つの資料を提供することができるのではないか
と考える。

1.3　自己主張の定義

　ここで，本論文において「自己主張」をどのように捉えるかについて改め
て整理をしておく。

　「自己主張」は一般的には自分自身の意見や考えや要求などをはっきりと
他者に伝えることを指すと考えられる。また，単に自分の考えや要求を伝え
るだけでなく，それを強引に押し通そうとするという側面が強調される場合
もある。発達心理学の研究において，自分の要求を主張する行動を検討する
場合，どのような側面に焦点を当てるのかは研究者によって異なる。

　まず，歩行開始期の仲間関係に関する研究では「主張的な（assertive）」行
動について検討されている。これは相手の物を取る，相手を叩くなど攻撃的
行動とも重なるような行動をその内容とし，「肯定的な（positive）」行動ある
いは「伝達的な（communicative）」行動と対比されている（Fagot, Hagan, Lein-
bach, & Kronsberg, 1985; Holmberg, 1980）。

1章　歩行開始期の仲間関係における自己主張の発達を検討する意義　17

　一方で，歩行開始期の親子関係に関する研究では，「自己主張（self-asser-tion）」が検討されている。例えば，Crockenberg & Litman（1990）は，自己主張を子どもの自律性を表すものとして捉え，特に親の指示や要請に対して「いや（no）」と言語的に答えることを自己主張と呼んでいる。彼らによると自己主張は，怒りの表出や攻撃などを伴う「反抗（defiance）」とは区別されるものであるという。例えば，「玩具を片付けなさい」という親の要請に対し，「いや。遊びたい」と答える場合は，自分の要求を主張しているといえるが，玩具を投げ散らかしたりする場合は，大人に反抗することが第一の関心事で，玩具は二の次となっている。この意味で反抗は，自分の要求を直接伝える自己主張と比べて自律性の程度が低いのだと主張している。

　以上の研究では，自分の要求を主張する行動について，他者を顧みずに自分の要求を押し通そうとすることで他者を傷つけたり，関係性を壊す可能性のある否定的な側面と，自分の要求を実現するために要求をはっきりと伝えて，他者に自己の主体性を示す肯定的な側面のどちらかに焦点を当てている。こうした自己主張を限定的に捉えるアプローチに対し，自己主張を攻撃や怒りの表出を含む未熟な行動から，言語的な主張や交渉といったスキルフルな行動へと質的に変化するものと捉える発達モデルも提案されている（Dietz, Jennings, & Abrew, 2005）。この発達モデルでは，Kuczynskiらの研究（Kuczynski et al., 1987; Kuczynski & Kochanska, 1990）に基づき，子どもが自分の意図を直接的に表明している程度と，不快情動や行動を制御している程度によって自己主張を5つのタイプに分類している。そのタイプとは，抵抗や不快情動の表出を伴う「反抗」，親の指示や要請を無視して自分のしたいことを続ける「受動的非従順」，不快情動を伴わずに親の行動を妨害する「制御された妨害」，不快情動の表出を伴わずに言語的に拒否を表明する「単純な主張」，妥協案や説明を提示して相手を説得しようとする「交渉」であり，「反抗」から「交渉」へと自己主張に含まれる社会的スキルの程度が高くなるとする。また，山本（1995）も，自己主張の質的変化を検討する必要性を

主張し，4 ～ 6 歳児が対人葛藤場面で取る方略について，「身体的攻撃」や「説得・抗議」などを含むいくつかの自己主張方略から子どもに選択させ，その発達的変化を検討している。

　本論文では，歩行開始期の仲間関係における自己主張の質的な変化を検討することを課題とするため，上記の自己主張の発達モデルを参考にする。すなわち，自分の要求を通そうとしたり，伝えようとする行動について，未熟な行動からスキルフルな行動までを広く自己主張として捉え，質的な違いによって分類することで，自己主張が発達に伴って質的に変化する様相を検討したいと考える。

　ただし，このように自己主張を広く捉えた場合，例えば，相手に玩具を取られそうになって拒否する場面や，「〜しよう」と相手に遊びの提案をする場面など，自己主張として捉えられる行動が示される場面として多様な場面が含まれる可能性がある。場面の違いによってやりとりの過程はかなり異なると考えられるため，ある程度場面を限定しないと研究の焦点が曖昧になってしまう。この点に関し，山本（1995，1996）は，社会的コンピテンスを特定の場面について検討することの重要性を指摘し，対人葛藤場面における自己主張的方略について検討している。本論文でも，山本（1995，1996）に従い，対人葛藤場面に焦点を当て，そこで生じる自己主張について検討したいと考える。

　ところで，対人葛藤は，ある子どもがもう一人の子どもの言動に対して異議を唱えた場面として定義されることが多い（Caplan, Vespo, Pedersen & Hay, 1991; Hay & Ross, 1982; 本郷，1996; Shantz, 1987など）。一方で，本郷・杉山・玉井（1991）や松永（朝生）・斉藤・荻野（1993）は，例えば，ある子どもが他児の所有物を取ろうとしたのに対して，所有者が異議を唱えない場合も対人葛藤とみなしている。こうした場面では，相手の所有物を欲しいという一方の欲求と，今現在それを使用しているもう一方の欲求が潜在的には葛藤していると考えられる。しかし，歩行開始期という低年齢では，相手の行動を何

となく見過ごしたり，異議が示される以前に保育者が介入する場面も観察される。本論文においては，こうした場面も自己主張を含むやりとりの一形態であり，発達的変化を検討する上では重要なパターンであると考え，検討に含めることにする。

　以上の議論に基づき，本論文では，「他児との間に葛藤が生じていたり，潜在的に葛藤を含む場面において，自己の要求や意図，または他者の行動に対する拒否や不快な情動等を，表出あるいは伝達しようとする行動，また，自己の要求を実現しようとする行動」を自己主張として捉える。なお，2～3歳頃には，親に対して交渉しようとする発話もみられることから（Dietz et al., 2005; Dunn & Munn, 1987; 坂上，2002），仲間同士のやりとりでも，相手と交渉しながら自己の要求を実現しようとする行動が発現してくる可能性が考えられる。そこで，先述の発達モデル（Dietz et al., 2005）と同様に，交渉的要素を含む発話も，自己主張がよりスキルフルな形に発展したものとして捉え，検討の対象として含めることにする。

2章　歩行開始期の仲間関係における自己主張の発達に関する先行研究とその問題点

　本章では，まず，歩行開始期の仲間関係に関する研究の歴史を概説する。次に，歩行開始期の仲間関係における自己主張の発達に関する研究を整理する。さらに，保育所における子ども同士のやりとりに影響を与えると考えられる，保育者の介入に関する研究について概観する。最後に先行研究の問題点を指摘し，本論文で検討すべき課題を提示する。

2.1　歩行開始期の仲間関係に関する研究の歴史

　発達心理学において，歩行開始期の仲間関係に関する研究はどのように行なわれてきたのだろうか。

　乳児期・歩行開始期の仲間関係に関する研究をみてみると，それが親子関係の研究と比較して数があまり多くないことに気づく。その理由の一つとして，Hay, Caplan, & Nash (2009) は，主要な発達理論（精神分析の理論，愛着理論，進化理論，社会的学習理論等）では主に発達早期の親子関係の重要性に焦点が当てられており，仲間関係の重要性についてはほとんど言及されていないことを指摘している。

　しかし，数がそれほど多くはないながらも，発達早期の仲間関係に関する研究は，1930年代から行なわれている（Bridges, 1933; Dawe, 1934; Maudry & Nekula, 1939）。これらの研究が行なわれた乳児施設や保育所等，子どもが集団で生活する場では，乳児や歩行開始期の子ども同士のやりとりが自然に発生することが観察され，子どもの社会的発達の一部として関心が向けられたのだと思われる。

2章　歩行開始期の仲間関係における自己主張の発達に関する先行研究とその問題点　21

　Rubin & Ross（1982）によると，その後，1940～50年代のアメリカでは，第二次世界大戦や冷戦といった社会情勢の影響により，幼児や児童を含む子どもの仲間関係に関する研究が減少する。さらに1960年代には Piaget 派の研究者たちが，年少の子どもは自己中心的で社会的志向性を持たないと考えたことが，仲間関係に関する研究の減少に拍車をかけた。しかし，1970年代になると，子どもの仲間関係に再び関心が向けられるようになる。これは，子どもの発達における仲間関係の重要性が指摘されたことや，Piaget 派の理論が批判的に検討されたことなどによるものであった（Rubin & Ross, 1982）。

　こうした流れの中，1970年代以降には，乳児期や歩行開始期の仲間関係の発達にも改めて関心が向けられ，子ども同士の相互作用の出現やその発達がより組織的に検討されるようになる。（乳児期・歩行開始期の仲間関係に関する詳しいレビューは，Hay et al.（2009），Howes（1987），Hughes & Dunn（2007）等を参照のこと。）当初，この時期の子ども同士の葛藤については，その社会的意味をあまり認めない見方もあった。例えば，Bronson & Gottman（1975）は，この時期の子ども同士の葛藤において，子どもは相手を自分の行動を邪魔する障害物としてしか捉えておらず，相手に対する社会的関心はあまりないと主張した。しかし，Caplan, et al.（1991）は，こうした見方を批判し，1～2歳児は他児と同じ玩具が容易に手に入る状況でも他児の玩具を求めることから，子どもには他児が持っていることで玩具が魅力的に映ること，すなわち，歩行開始期の子ども同士の葛藤にも社会的動機が関わっていることを明らかにしたのである。さらに，社会的発達における対人葛藤の重要性が認識され，対人葛藤が交渉方略を発達させる場を提供する可能性があることなどが主張されるようになった（Caplan, et al., 1991; 本郷ほか，1991；松永（朝生）ほか，1993; Shants, 1987など）。本論文でも，こうした対人葛藤の社会的意味を認める観点に従って研究を進めていくことにする。

2.2 仲間関係における自己主張の出現と歩行開始期における
発達的変化

　他児との関わりにおける自己主張の萌芽はいつ頃から出現するのだろうか。
Bridges (1933) は，乳児施設で，1歳頃の子どもが玩具を他児に取られそう
になると泣くことを観察している。また，家庭で養育されている子どもを実
験室場面で観察した研究においても，10-12ヵ月児は，他児と玩具を取り合
う行動を示すことが明らかになっている (Eckerman, Whatley, & Kuts, 1975)。
さらに，日本の保育所における縦断観察事例（松永（朝生）ほか，1993）でも，
対象児が生後10ヵ月の時に，相手と物を引っ張り合ったり，その物を持って
相手から離れたり，相手の微妙な動きに反応して身体を動かしたりして，物
を取られないようにする行動を示したことが報告されている。一方，生後6
ヵ月頃には，互いに触りあったり，他児が持っている玩具を触ったりするが，
相手のこうした行動に対して明確な抵抗は示さない (Hay, Nash, & Pedersen,
1983)。以上の結果から，1歳前後に自分が手に持っている物を取ろうとす
る相手に意識を向け，物を取られることに抵抗を示すという，他児への自己
主張の萌芽とも捉えられる行動が出現することが示唆される。

　その後，1歳半頃には，相手の玩具を引っ張ったり，身体的攻撃や強い身
体的接触をする「力の行使」が多くなる (Caplan, et al., 1991)。こうした行動
について Hay (2005) は，自身らの研究 (Caplan et al., 1991; Hay, Castle, & Da-
vies, 2000など) に基づいて，1～3歳頃の発達的軌跡を描出した。その結果，
力の行使は，生後18～21ヵ月と30～42ヵ月頃にそのピークがあることが示さ
れた。また，Holmberg (1980) は，保育所で子ども同士が力の行使や否定的
な命令でやりとりを開始する場合のピークが生後18ヵ月と30ヵ月頃にあり，
その後は減少するという結果を得ている。これらの結果から，他児の玩具を
取ったり，攻撃したりする行動は，1歳後半と2歳後半～3歳頃にピークを

2章 歩行開始期の仲間関係における自己主張の発達に関する先行研究とその問題点　23

迎えた後，減少する傾向があることが示唆される。

　一方，日本の保育所の0～1歳児クラスを観察した松永（朝生）ほか（1993）によると，1歳児クラスの2・3月には攻撃によって生じる葛藤が減少していた。また，本郷（1996）は，2歳児クラスを観察し，攻撃によって相手の行動に異議を唱えることが中期（10～11月）以降に減少することを示した。これらの研究においては，月齢が上がるにつれて攻撃行動が減少する傾向が示唆されているが，攻撃行動のピークは示されていない。日本の保育所における仲間同士のやりとりでも，攻撃行動が増加から減少に転じるピークが存在するのかについてより詳細な検討が必要である。

　さらに2歳近くになると，相手の物を取ったり，攻撃するだけでなく言葉で自己主張する場合も出てくる。例えば，20ヵ月頃には言葉による抗議（"no"，"don't"等）がみられ，24ヵ月頃にかけて増加する（Caplan et al., 1991; Eckerman & Didow, 1996; Hay & Ross, 1982）。また，2歳頃には，"mine"や"yours"など所有に関する発話や（Eckerman & Didow, 1996; Hay, 2006; Hay & Ross, 1982），"my turn"など自分の順番を主張する発話も増加する（Eckerman & Didow, 1996）。日本の保育所の2歳児クラスでも，相手の行動の禁止，拒否，抗議，否定などが中期（10～11月）以降に増加することが示されている（本郷, 1996）。

　そして，2歳半以降には自己に焦点化した発話（"I use that."や"I want to ride it."等，一人称（Ｉ）で自分の意図を言明する発話）がやや減少し，相手に焦点化した発話（"You get my ball for me."や"Would you read it?"等，二人称（you）や一人称複数（we）で要請や提案などを述べる発話）が増加する（Smiley, 2001）。こうした発話は，行為を遂行する以前に存在する事前意図，すなわち心的存在としての意図の理解を示す群に多くみられたことから，Smiley（2001）はこうした事前意図の理解が，自己と他者の目標を調整してやりとりする際に重要な役割を果たす可能性があると主張している。

　以上のように先行研究において，1歳以降，力づくで自分の要求を通そう

とする行動が増加するが，2歳半〜3歳以降には減少する一方で，2歳頃には言葉で主張することが増加し，所有や順番などの社会的ルールや他者の意図の理解が洗練されるにつれ，その表現も次第に豊かになってくることが示されている。これらの知見から，歩行開始期の仲間同士の自己主張の発達的変化の内容が，ある程度は明らかになってきているといえるだろう。しかし，先行研究ではいまだ検討が不十分な点があり，発達的変化の全体像が明確に示されているとはいえないと考えられる。具体的には，以下に挙げるように大きく3つの課題を指摘することができる。

1）先行研究では，仲間に対する自己主張の"平均的な"発達的変化が検討されており，個々の子どもの発達的変化の道筋を考慮した分析があまり行なわれていない。2）先行研究では，子どもが何ヵ月頃にどのような行動を示すのかを明らかにしているが，そうした変化がどのような"過程"を経て生じるのかを検討した研究はあまりみられない。3）自己主張は他の子どもとのやりとりにおいて生じるものであると考えられるが，先行研究では，自己主張を主に個人のスキルとして扱っており，自己主張を含む"やりとり"についてはあまり検討されていない。

以上の先行研究の問題点については後に詳しく説明する。その前に次節では，保育者の介入に関する先行研究を概観する。

2.3 仲間同士の葛藤に対する保育者の介入

歩行開始期における子ども同士の葛藤に，保育者はどのように介入するのだろうか。アメリカや日本で行なわれた複数の研究の間で，多くの内容的に共通する介入が観察されている（朝生・斉藤・荻野，1991；Bayer, Whaley, & May, 1995; 本郷ほか，1991）。その内容とは，子どもの行動の制止，ルールや所有等についての説明，子どもの要求や気持ちの確認，相手の意図や気持ちの伝達，望ましい行動や解決策の提示，交渉の指示などである。こうした介

2章　歩行開始期の仲間関係における自己主張の発達に関する先行研究とその問題点　25

入の内容は，観察時期によって変化しており，1歳児クラスの秋頃（9月〜11月）にかけて，子どもの要求や気持ちに共感する介入や，相手の状態や葛藤の状況を説明する介入の割合が増加する傾向がみられた（朝生ほか，1991；本郷ほか，1991）。

　また，保育者の介入の内容と保育者の介入に対する子どもの反応の仕方は関連していた。保育者の介入は特に言語的な制止から開始される場合が多く，その場合の子どもの反応としては，介入に反抗する（相手との葛藤を継続する）割合が最も高かった。一方，介入が子どもの要求を尋ねることで開始された場合は，子どもが保育者に自分の要求を伝え，それに対して保育者が交渉を促すというパターンがみられた（Bayer et al., 1995）。保育者の介入に対する子どもの反応は，1歳児クラスの1年を通じて介入に従う場合が5割程度と多いものの，観察時期によっても変化していた。具体的には，9月頃から保育者の介入を拒否する反応が増加し，1月以降には，保育者の指示・提案などに対し，新たな主張や要求をする場合が出現した（本郷ほか，1991）。さらに，保育者が介入した場合，その介入によって葛藤が終結する割合が比較的多いものの，その割合は，1歳児クラスの後半にかけて減少し，保育者の解決策提示によって子ども同士が相互了解することで終結する割合が増加した。1歳児クラスの2・3月には，保育者の介入に納得しない場合には指示に従わず，自分なりの考えに基づいて終結させる場合もみられた（朝生ほか，1991）。

　以上のように，先行研究では，保育者が介入した場合の子どもの反応や葛藤終結のあり方について，すなわち，保育者の介入がその場での子どもの反応に与える影響についての検討は詳細に行なわれている。しかし，保育者の介入が，その後の子どもの発達に対してどのような影響を与えるのかが十分に検討されているとはいえないと考えられる。次節では，こうした保育者の介入に関する先行研究の問題点と，先に挙げた自己主張の発達に関する先行研究の問題点について，より詳しい説明を加える。

26 第1部 序 論

2.4 仲間関係における自己主張および保育者の介入に関する研究の問題点

2.4.1 先行研究において検討が不十分な点

　以上にまとめたように，先行研究では，歩行開始期の自己主張の発達的変化および保育者の介入について，その全体的傾向がある程度は明らかになってきている。しかし，「歩行開始期の子ども同士のやりとりにおいて，言葉での自己主張は，どのような過程を経て生じてくるのだろうか」という本論文の問いを検討するにあたり，先行研究で十分に明らかにされているとはいえない点として大きく以下の4点を挙げることができる。

　（1）**個々の子どもの発達の道筋の検討**　まず，先行研究における発達的変化の分析では，個々の子どもの発達の道筋という点はあまり考慮されずに，一つの群や集団全体における発生率や平均などが，時間の経過に伴ってどのように変化するのかに焦点化されていることが多い。そして多くの場合，集団全体を一括りにして算出された値によって，ただ一つの"平均的な"あるいは"全体的な"発達的変化のパターンが導かれている。このようにして発達的変化が導かれる場合，個別の発達の道筋は打ち消されてしまう可能性がある。本来，発達心理学が関心の対象とするのは，個の発達であるにもかかわらず，集団統計量（集団の平均など）に過度に頼ることが，個の発達を見えにくくする危険性が指摘されている（南風原・小松，1999）。また，遠藤（2005）も，集団の平均値や最頻値を比較することで単一の発達経路を推定するアプローチでは，発達経路が複数ある可能性が無視されてしまうという問題点を指摘している。個の発達をその多様性も含めてより精緻に明らかにするためには，個々の子どもの発達的軌跡を検討する必要があると考えられる。

　特に，本論文の研究のように保育所等のクラス集団を対象とする場合，ま

2章　歩行開始期の仲間関係における自己主張の発達に関する先行研究とその問題点　27

ずは月齢の差によって発達的軌跡に違いがある可能性を考慮する必要がある。クラス集団に所属する子どもの月齢は，通常，4月生まれから3月生まれまで約1年の幅があり，発達が著しい低年齢の時期には，こうした月齢の差によってその後に辿る発達的軌跡が大きく異なることが想定されるからである。しかし，先行研究において，この点は十分に考慮されているとはいえない。例えば，松永（朝生）ほか（1993）は，保育所の0〜1歳児クラスを縦断的に観察し，発生したエピソードをクラス全体でプールして対人葛藤の発達的変化を検討している。この場合，クラスで発生する対人葛藤の内容が約1年の間にどのように変化するのかを検討することはできるだろう。しかし，異なる月齢の子どもが関わっていると考えられるエピソードをまとめて分析しているため，子どもがどの月齢でどのような発達的変化を示すのかを詳細に明らかにすることは難しい。この点について明らかにするためには，子どもの月齢を考慮しながら個々の子どもの発達的軌跡をみていくことが必要だと考えられる。そして，例えば10月生まれの子どもが約半年後には4月生まれの子どもと同じような発達を示すなど，複数の子どもが同じくらいの月齢になる時点で共通する発達の姿を示す場合には，その共通性から一般化しうる発達的傾向を見出すことができるだろう。

　一方で，個々の発達的軌跡を検討すると，月齢による違いだけでなく，月齢以外の要因による違いも見出される可能性がある。例えば，気質などによって，同じ月齢でもそれぞれの子どもに固有の発達の姿が示されるかもしれない。したがって，個々の発達的軌跡の個別性にも着目して丁寧に検討していくことが必要だと考える。

　以上から，「個々の子どもの発達の道筋の検討」を課題1とする。

　（2）発達的変化の過程の検討　先行研究において，横断研究の場合は半年〜1年という比較的間隔の開いた異月齢群の差異を検討した研究が多い。縦断研究の場合でも，Hay（2006）は6ヵ月，Eckerman & Didow（1996）は4ヵ月の間隔で観察を行なっている。このように数ヵ月の間隔をあけた観察

において，生後何ヵ月頃にどのような自己主張行動がみられ，その数ヵ月後に自己主張行動はどのように変化するのかということについては，ある程度明らかになっている。しかし，これらの研究では，"そうした変化がどのようにして生じたのか"という変化の過程を推測することは難しいと考えられる。縦断的研究であっても，観察時点間の間隔が大きい場合は，進行する変化の過程を捉えることが難しいのである。そのため，変化の過程を研究することは，発達研究の主要かつ中心的な問題であるにもかかわらず，従来の研究は変化の"過程"ではなく，変化の"産物"を観察しているという指摘もなされている（Lavelli, Pantpja, Hsu, Messinger, & Fogel, 2005; Granott & Parziale, 2002; Siegler & Crowley, 1991など）。

　もちろん，研究者や研究協力者が研究にかけることのできる労力との兼ね合いもあり，子どものすべての自己主張の事例を観察することは到底不可能である。従って，発達過程の全貌を明らかにすることは大変難しい課題だといえるだろう。しかし，できる範囲で観察頻度を増やし，異なる時点の観察事例について質的な分析も行ないながら詳細に比較検討することで，発達の"過程"をより精緻に明らかにしようとする努力が必要ではないかと考える。そこで，「発達的変化の過程の検討」を課題2とする。

　（3）子ども同士のやりとりの検討　本論文で検討するのは，子ども同士のやりとりにおける自己主張の発達である。子ども同士のやりとりは互いに影響を与え合いながら進行するものであり，子どもの自己主張を他の子どもの影響と切り離すことはできないだろう。そして，他の子どもと影響を与え合いながら進行するやりとりの経験が，自己主張の発達に貢献している可能性が考えられる。

　しかし，先行研究において歩行開始期における仲間同士の自己主張は，主に子ども個人の社会的スキルという観点から検討されてきた。多くの研究で，相手の行動とは切り離されたある種の行動が，発達に伴ってどのように増減するかが検討されているのである。さらに，自己主張の発達的変化の要因と

して，個人内の認知・言語的，社会情動的スキルが貢献することが指摘されている（Caplan et al., 1991; Hay, 2006; 松永（朝生）ほか，1993; Smiley, 2001）。

　近年，歩行開始期の親子関係を扱った研究では，この時期の子どもの自己主張や反抗の発達がそれを受け止める親の存在抜きには説明できないことが指摘され（川田・塚田-城・川田，2005；坂上，2002），子どもの自己主張をめぐる母子間のやりとりの発達過程を丁寧に記述・分析する研究が行なわれている（川田ほか，2005；坂上，2002；塚田-城，2008）。また，仲間関係における自己主張に関する研究でも，3歳以上の子どもについては，子ども同士のやりとりに着目したものがいくつか行なわれている。例えば，高濱（1995）は，自己主張タイプの5歳児の遊びをめぐる交渉の発達を縦断的に検討し，交渉するためのスキルが対象児と相手の双方で変化することを明らかにした。また，鈴木（2010）は，自己主張行動を3歳時点と4歳時点で縦断的に観察し，4歳時点では間接的な表現を含む多様な言語表現による自己主張がみられ，相手も多様な拒否や抵抗を明確に示すようになって，やりとりが継続しやすくなることを示している。歩行開始期の仲間関係における自己主張についても，子ども同士の"やりとり"に着目し，やりとりを通じた発達の様相をより精緻に明らかにする必要があると考える。そこで，「子ども同士のやりとりの検討」を課題3として挙げる。

（4）保育者の介入と子どもの自己主張の発達との関連の検討　保育の場では，子ども同士が影響を与え合うだけでなく，保育者の関わりが子どもの発達に影響すると考えられる。先行研究では，主に，保育者の介入がその場での子どもの反応に与える影響（保育者の介入→子どもの行動）について検討がなされている。しかし，保育者の介入は，その場の子どもの反応だけでなく，その後の子どもの発達（保育者の介入→子どもの発達）に対しても長期的な影響を与える可能性が考えられる。先に，子どもの自己主張の発達過程を詳細に検討する必要性を指摘した。この際に，保育者の介入とその後の子どもの自己主張との関連も含めて検討することで，保育所における子どもの自

30 第1部 序 論

己主張の発達過程の様相をより精緻に明らかにすることができると考える。
以上から,「保育者の介入と子どもの自己主張の発達との関連の検討」を課
題4とする。

2.4.2 本論文の課題とアプローチ

本論文の課題 前節で述べたように,本論文では,歩行開始期の仲間同士
のやりとりにおける自己主張の発達について以下の課題を検討する。

課題1:個々の子どもの発達の道筋の検討

課題2:発達的変化の過程の検討

課題3:子ども同士のやりとりの検討

課題4:保育者の介入と子どもの自己主張の発達との関連の検討

ただし,先行研究において検討が不十分な点として,以上に挙げた4つの
課題以外にも細かな点がいくつかある。それらに関しては,各研究について
記述した章で説明する。

研究のアプローチ 以上の課題のうち,特に課題1「個々の子どもの発達
の道筋の検討」,課題2「発達的変化の過程の検討」,課題3「子ども同士の
やりとりの検討」は,主に従来の研究法への批判に基づくものである。その
ため,従来の研究とは異なる研究アプローチで検討を行なう必要がある。
個々のケースの発達の道筋,発達過程および,やりとりや関係性の検討に焦
点を当てた研究のアプローチに「関係的―歴史的アプローチ(relational-histor-
ical research approach)」がある(Fogel et al., 2006; Lavelli et al., 2005)。本論文で
もこれを参照することができると考える。関係的―歴史的アプローチの概要
については次章で述べる。

3章 研究のアプローチ，研究の概要および 観察の手続き

本論文の研究では，2章で指摘した課題に取り組むにあたり，Fogelらの関係的－歴史的アプローチを参照する。本章では，まず，関係的－歴史的アプローチの概要と本論文におけるその位置づけを述べる。さらに，研究1～研究4の概要について記述した後に，観察調査の手続きを説明する。

3.1 関係における変化過程を検討する関係的－歴史的 アプローチ

2章でも触れたように，従来の発達研究では，縦断研究の場合でも観察時点の間隔が大きすぎるために，変化の過程を捉えられていないことが指摘されている (Lavelli et al., 2005; Granott & Parzial, 2002; Siegler & Crowley, 1991など)。従来の方法は，映画のような連続的な情報の流れではなく間隔をあけて撮られた数枚のスナップ写真に喩えられ，その間の移行過程に関する情報は失われてしまう (Lavelli et al., 2005)。こうした従来の研究デザインへの批判から考えだされた方法の一つが，微視発生的方法 (microgenetic design, microgenetic method) である。この方法では，通常，数週間から数ヵ月という比較的短い期間に，比較的少ない観察対象者に対して頻繁な観察を行ない，刻一刻の変化を観察する。微視発生的方法は主に認知や運動発達の分野の研究で用いられていたが，近年になって，さまざまな分野の研究で採用されるようになり，社会情動的な発達に関する研究においても用いられるようになった (Fogel & Thelen, 1987; Granott & Parziale, 2002; Lavelli et al., 2005; Lewis & Granic, 2000; Smith & Thelen, 1993)。特にFogelらは，対人関係における変化過程の

研究に微視発生的方法を用いる「関係的－歴史的アプローチ（relational-historical research approach）」を提唱した（Fogel et al., 2006; Lavelli et al., 2005）。

3.1.1 関係的－歴史的アプローチの概要

以下に，Fogel らの文献（主に Fogel et al., 2006; Lavelli et al., 2005）に基づき，関係的－歴史的アプローチの概要についてまとめる。

（1）**関係的－歴史的アプローチの3つの前提**　関係的－歴史的アプローチは以下の3つの前提に基礎を置く（Fogel et al., 2006）。(1)分析は発達する"関係"に焦点を当てて行なう，(2)変化は過去のパターンから生じ，過去のパターンに完全ではないが制約を受ける，(3)発達過程は，重要な発達的移行期が始まる前，発達的移行の間，さらに発達的移行の終了後に，あるケースについての観察を頻回行なうことによって最もよく明らかにすることができる。(3)は，微視発生的方法全般に共通することであるが，(1)と(2)の視点，すなわち，対人関係に焦点を当てたことと，変化過程を歴史的にみる観点（変化が過去のパターンから生じるという観点）を導入したことがこのアプローチの貢献といえる（Lavelli et al., 2005）。

（2）**理論的基礎**　関係的－歴史的アプローチでは，「人々は，他者や環境との関わりのなかで発達する」という観点を基本的な原則とする。この観点は，数々の理論に影響を受けているが，特に，ピアジェの理論，社会文化的理論，ギブソンの生態心理学，ダイナミック・システム理論を基礎とする（Fogel et al., 2006）。

（3）**対人関係の変化過程の捉え方**　関係的－歴史的アプローチでは，対人関係とその変化過程について以下のように捉えている。多くの社会的やりとりは，変化する相手の行動に対して自分の行動を変化させる連続的な過程であり，ダイナミックなシステムとして捉えられる（Fogel, 1993; Fogel et al., 2006）。また，進行中あるいは予期される相手の行動に対して個人が行動を力動的に変化させる過程を相互調整（co-regulation）と呼ぶ。この相互調整か

らやりとりのパターンや秩序が出現する過程は自己組織化として捉えられる。自己組織化はダイナミック・システム理論の考え方で，あるシステムを構成する要素同士が互いに継続的に調整し合い，新たな形の組織や情報が生じるということである。対人関係における発達は，関係を構成する参加者同士の相互調整から新たなやりとりのパターンが生じる，関係システムの再組織化として捉えることができる（Fogel et al., 2006）。Eckerman（1993）は，こうしたシステム的観点から，2歳前後に生じる，子ども同士が互いに模倣し合うやりとりのパターンの出現過程について分析している。その結果として，「他者に模倣される経験」がこのパターンの成立に貢献することを示した。この結果から，歩行開始期の子ども同士のやりとりにおいても，相互調整過程からある種のやりとりのパターンが組織化されることが示唆される。

　関係の変化に関連する過程としては，以下の3つの過程が考えられる（Fogel et al., 2006）。なお，Fogelらは，やりとりのパターンをフレーム（frame）と呼んでいる。

　⑴歴史的フレーム（historical frame：元からある古いやりとりのパターン）から新しいフレームへの変化は突如として起こるのではなく，新しいフレームへの移行期に，新旧両方の特徴を併せ持ち「橋渡し」の役割を果たすフレームが出現する。すなわち，歴史的フレームから，橋渡しのフレーム（bridging frame）へと変化し，新しいフレーム（new frame）の出現に終わる。

　⑵力動的なシステムには，変動性が本来的に備わっており，パターンとしては類似していても，やりとりの過程はその時々で全く同じではない。こうした変動性のうち，Fogelらが革新（innovation）と呼ぶ，やりとりの参加者に新しい変化として認識されるような以前との違い（「違いを生む違い」）が生じ，その後のパターン変化の源となる。

　⑶再組織化の最中に，古いパターンあるいは古いパターンの一部が反復される（recapitulation）。これは，主な発達的移行に一般的に認められる現象で，例として，年下のきょうだいが生まれた時の赤ちゃん返りなどが挙げられる。

34　第1部　序　論

（4）変化過程を検討するための方法　関係的－歴史的アプローチにおいて変化過程を検討するための方法には，⑴微視発生的方法，⑵多元的ケース研究アプローチ，⑶フレーム分析，⑷量的分析と質的分析の併用という4つの特徴的な側面がある（Fogel et al., 2006; Lavelli et al., 2005）。

　⑴微視発生的方法：微視発生的方法は，3つの特徴を持つ。①観察は変化以前に始まり，変化の過程を通して継続し，新しいパターンがはっきりと出現した時点で終了する。②システムの変化の前後だけでなく，変化している最中に観察を行なうために，この期間内に頻繁に観察を行なう。③分析は，どのように変化が起こるのかの理解を目指し，変化過程の検討に焦点が当てられる。

　⑵多元的ケース研究アプローチ：ケースを分析の単位とし，少数のケースについて複数の集中的な観察を行なう。ケース研究の科学的有用性については，多くの議論がなされてきたが，関係的－歴史的アプローチにおいては以下のような利点があると考える。多くのケースに対して少数回の観察を行なうのに比べて，変化のダイナミクスや発達的移行期を直接観察できる可能性が高くなる。個々のケースの発達的軌跡に焦点を当て，ケース間の異同や発達の文脈を検討できる。ケース研究では，集団の平均を一般的原則とみなすのではなく，個々のケースの検討に基づいて一般的原則を構築しようとする。研究協力者と緊密な関係を築くことで研究の質を高めることができる。

　⑶フレーム分析：データにおいて最も頻繁に生じるフレーム（やりとりのパターン）を特定する。録画記録からフレームの始まりと終わりを記録し，フレーム内の行為の連鎖やフレーム間の移行を記録する。

　⑷量的分析と質的分析の併用：フレームの特定や分類が済んだら，量的分析を行なうことができる。関係的－歴史的アプローチは，より大きな母集団への一般化を意図しないが，量的分析によってケース間の共通性を見出すことができる。ただし，量的分析を行なう際には，個々のやりとりや行為を文脈から切り離してしまうため，個人間の関係の一貫した歴史を精緻に理解す

るためには質的分析と組み合わせる必要がある。なお，このように，量的分析と質的分析を併用する研究法は，混合アプローチ（mixed-method approach）と呼ばれる。

3.1.2　本論文における関係的－歴史的アプローチの位置づけ

　本論文では，2章で提示した課題に対して有効なアプローチであることを期待して，関係的－歴史的アプローチを参照する。まず，課題1「個々の子どもの発達の道筋の検討」に関連して，関係的－歴史的アプローチでは，集団の平均を一般的原則とみなすのではなく，ケース研究アプローチを用いて個々のケースの発達的軌跡に焦点を当てた分析を行なう。また，課題2「発達的変化の過程の検討」について，関係的－歴史的アプローチでは，微視発生的方法を用いて変化過程を明らかにしようとする。一方，課題3「子ども同士のやりとりの検討」に関し，関係的－歴史的アプローチでは，参加者同士の相互調整によって出現するやりとりのパターンの変化過程を検討する。さらに，このアプローチでは，個々の子どもが他者との関係性において発達する過程を発達の文脈も含めて検討する。そのことによって，保育の現場で子どもが発達する姿をよりきめ細やかに，生き生きと描き出すことができる可能性があると考える。

　ただし，Fogel et al.（2006）の研究例では，乳児と母親のやりとりを検討しているが，本論文では，保育所の子ども同士のやりとりにおける自己主張を検討する。そのため，関係性ややりとりの性質，観察の場，先行研究の状況等のさまざまな違いから，Fogel et al.（2006）の研究法の詳細をそのまま適用することは難しい。そこで，関係的－歴史的アプローチの考え方や方法の大枠を参照しながら，本論文の研究に合わせた形を工夫したいと考える。

　第一に，対象とする関係性の違いについて確認しておく必要がある。Fogel et al.（2006）の研究例が対象としているのは母子という二者関係であり，本論文での研究が対象とするのは保育所のクラス集団である。Figure 3.1に

示したように，クラス集団には，複数の子ども，複数の保育者が存在し，そのときどきでさまざまな関係においてやりとりが生じる。こうした場合に関係的－歴史的アプローチを適用するには，図に示したようなクラス内で生じるやりとりの全体をシステムとして捉え，その変化過程を検討する必要があるかもしれない。しかし，その場合，捉えるべき関係システムの複雑性が大きく，本研究で検討できる範囲を超えることが予想される。一方で，クラス内の特定の子ども同士のペアを対象とした研究も可能かもしれないが，6章で述べるように，本研究の対象としたクラスでは，個々の子どもがさまざまな子どもと関わっており，1年を通じて突出してやりとりが多いペアはみられなかった（6章 Table 6.1）。そこで，本研究においては，個々の子どもをケースとし，個々の子どもがクラス内の他児との間で経験するやりとりをシステムとして捉えることとする。例えば，Figure 3.2に示したように，子どもX児がある時期に経験した，クラス内の自分以外の子どもU児，V児，W児，Z児との複数のやりとりを集め（実際は，本論文の研究が対象としたのは10名のクラスである），その共通の特徴を見出したり，別の時期と比較して発達的変化を検討したりする。さらに，この作業をそれぞれの子どもについて行

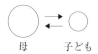

a．母子関係における，ある場面でのやりとり

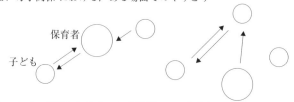

b．クラス集団における，ある場面でのやりとり
（実際には，子どもや保育者の数がより多く，やりとりも複雑である場合が多い）

Figure 3.1　母子関係とクラス集団におけるやりとりのモデル図

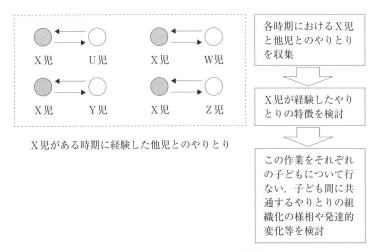

Figure 3.2　本研究におけるやりとりの分析のアプローチ

ない，子ども間に共通するやりとりの組織化のあり方や発達的変化を検討する。さらに子ども間の差異から個々の子どもに固有の特徴を探る。一方，保育者の関わりに関しては，子ども同士のやりとりの発達過程にどのように関与するのかを探索的に検討することにとどめたいと考える。子どもと保育者のすべてを含む，保育の場におけるより包括的な関係システムを検討することは，今後の課題とする。

　以上のこととも関連して，個の発達と関係性の発達への焦点化の仕方に関する整理をしておきたい。まず，Fogel et al. (2006) の関係的－歴史的アプローチの主な焦点は関係性の発達である。具体的には，乳児期初期の母子のペアをケースとし，母子の対面での遊びから物を介した遊びへといったやりとりの発達過程を検討している。ただし，個の発達に関しても全く検討されていないわけではなく，母子のやりとりの変化と連動した個々の乳児のスキル獲得が検討に含まれている。しかし，その両者の関連性が明確に理論化されているとはいいがたい。関係的－歴史的アプローチにおいて，個の発達と関係性の発達との関連性を精緻に検討していくことは今後の課題であるとい

えるかもしれない。本論文では，先述のように，個々の子どもをケースとし，個々の子どもが他児と関係の中で経験するやりとりを分析する。それにより，保育の場で子どもたちが経験する子ども同士のやりとりの変化に焦点化しつつ，それと連動的に生じる個別の子どもの自己主張の発達を捉えたいと考える。

　第二に，本論文で関係的－歴史的アプローチを参照した研究を行なう上では，その準備段階が必要である。具体的には，以下の2点について検討しておく必要がある。

　（1）カテゴリーの作成　Fogel et al.(2006)の関係的－歴史的アプローチを適用した研究例では，乳児期初期の母子間のやりとりについて，そのパターンの分類を行なう「フレーム分析」の際には，以前の自身らの研究において作成した，個々の行為に関するカテゴリーを利用している。例えば，乳児の行為のカテゴリーは，片方の手で玩具を持つ，両方の手で玩具を持つ，玩具を口に入れる等，母親に関しては，玩具を示す，乳児に触れる，乳児の遊びを見る等である。やりとりの中で生じた行為をまずは上記のカテゴリーでコーディングし，行為の組み合わせによってフレーム（やりとりのパターン）やフレーム間の関係の分析を行なっている。

　そこで本論文でも，やりとりのパターンを分類するにあたって，まずは個々の行為についてコーディングする。そのコーディングの際に先行研究のカテゴリーを利用できないかを検討したが，1章で整理した自己主張の定義に合う包括的なカテゴリーを見出すことはできなかった。そこで，主張的やりとりのパターンを分類するための準備として，本論文の自己主張の定義に基づくカテゴリーを作成することとする。また，本論文では保育者の介入についても検討に含めるため，保育者の介入のカテゴリーも作成する。

　（2）発達的移行の時期と内容の検討　Fogel et al.(2006)の研究例で対象としている乳児期初期の母子のやりとりに関しては，対面での遊びから物を介した遊びへの発達的移行が生後4ヵ月前後に生じることが，既に先行研究

である程度明らかにされており，その前後の時期に焦点を当てた観察と分析を実施している。しかし，歩行開始期の仲間関係における自己主張に関する先行研究では，焦点を当てて詳しく分析すべき発達的移行の時期や内容に関する検討が不十分である。2章でも指摘したように，特に，日本の保育所に関する研究では，クラスに所属する子どもの月齢の違いを考慮した分析が行なわれていないため，どれくらいの月齢時点でどのような発達が示されるのかが十分に明らかにされていない。焦点を当てるべき発達的移行の時期や内容についてより詳細な知見を得るため，子どもの月齢の差を考慮した自己主張の発達的変化を検討することが必要である。

この他にどのような形で関係的－歴史的アプローチを適用するかについては，各研究について述べた章で説明することにする。

3.2　研究1～研究4の概要と研究の構成

序章で提示したように，本論文の目的は，「保育所の1歳児クラスにおける縦断的観察データについて，関係的－歴史的アプローチを参照しながら，子ども同士のやりとりにおいて言葉による自己主張が生じてくる過程を，保育者の関わりを含めて詳細に明らかにすること」である。研究1および研究2では，前項（3.1.2）で述べた関係的－歴史的アプローチへの準備を行なう。さらに，研究3および研究4では，研究1と研究2で得られた知見に基づき，関係的－歴史的アプローチを参照しながら自己主張の発達過程について検討する。なお，研究1～4では，先行研究からの発展を目指し，先行研究において検討が不十分な点として2章で提示した課題1～課題4についての検討を適宜行なう。それぞれの課題を主にどの研究で検討するかを Table 3.1に整理した。

以下の項では，第二部・第三部で記述した各研究について，その概要を，各研究において検討する課題や研究同士の関連性も含めて説明する。これら

40　第1部　序　　論

Table 3.1　本論文の課題と各課題を検討する研究

課題	内容	研究
課題1	個々の子どもの発達の道筋の検討	研究1，4
課題2	発達的変化の過程の検討	研究3，4
課題3	子ども同士のやりとりの検討	研究3，4
課題4	保育者の介入と子どもの自己主張の発達との関連の検討	研究2，4

の点については Figure 3.3にも整理した。研究の構成に関しては，序章の Figure 0.1も参照のこと。

3.2.1　歩行開始期の仲間関係における自己主張の発達的変化および保育者の介入に関する検討

　研究1と研究2では，関係的―歴史的アプローチを参照した研究を行なうための準備を行なう。以下に，各研究の概要について述べる。

　研究1：歩行開始期の仲間関係における自己主張の発達的変化―自己主張に伴う情動的側面と発達的軌跡の違いを考慮した分析―(4章)

　研究1では，子どもの仲間関係における自己主張の発達的変化について検討する。関係的―歴史的アプローチを参照した研究の準備のため，3.1.2で指摘した「カテゴリーの作成」と「発達的移行の時期と内容の検討」を行なう。

　まず，1章において整理した自己主張の定義に基づいて仲間関係における自己主張を収集し，自己主張のカテゴリーを作成する。その際には，自己主張の情動的側面にも着目する（その理由については4章で詳しく説明する）。そして，そのカテゴリーによって個々の行動についてコーディングを行なう。なお，以上のコーディングは，研究3における主張的やりとりのパターンの分類の際に利用する。

　次に，各カテゴリーについて，関係的―歴史的アプローチにおいて焦点を当てるべき発達的移行の時期と内容の検討を行なう。その際に，先行研究の

3章　研究のアプローチ，研究の概要および観察の手続き　41

第2部：関係的─歴史的アプローチを参照した研究への準備

研究1：歩行開始期の仲間関係における自己主張の発達的変化
　　　─自己主張に伴う情動的側面と発達的軌跡の違いを考慮した分析─　（4章）

　　課題1：個々の子どもの発達の道筋の検討

　　準備：自己主張のカテゴリーの作成，検討すべき発達的移行の時期と内容の特定

研究2：歩行開始期の仲間関係における自己主張に対する保育者の介入
　　　─子どもの自己主張の仕方に応じた保育者の介入に関する検討─　（5章）

　　課題4：保育者の介入と子どもの自己主張の発達との関連の検討

　　準備：保育者の介入のカテゴリーの作成

第3部：関係的─歴史的アプローチを参照した発達過程の検討

研究3：歩行開始期の仲間関係における主張的やりとりの発達過程
　　　─発達過程の共通性に着目した検討─　（6章）

　　課題3：発達的変化の過程の検討
　　課題4：子ども同士のやりとりの検討

　　分析内容：主張的やりとりのパターンの分類・発達的変化の検討

研究4：歩行開始期の子ども同士のやりとりにおける自己主張の発達過程
　　　─発達過程の個別性や保育者の介入との関連に着目した質的分析─　（7章）

　　課題1：発達の道筋の個別性の検討
　　課題2：発達的変化の過程の検討
　　課題3：子ども同士のやりとりの検討
　　課題4：保育者の介入と子どもの自己主張の発達との関連の検討

　　分析内容：個々の子どもの発達過程の質的分析

Figure 3.3　研究の構成

課題 1 「個々の子どもの発達の道筋の検討」を踏まえ，個々の子どもの月齢
の違いによる発達的軌跡の違いを考慮した分析を行なう。4 章において詳し
く説明するが，分析には潜在曲線モデルという方法を用いる。

研究 2：歩行開始期の仲間関係における自己主張に対する保育者の介入
―子どもの自己主張の仕方に応じた保育者の介入に関する検討―（5 章）

研究 2 では，子どもの仲間関係における自己主張に対する保育者の介入を
検討する。まず，保育者の介入についてのカテゴリーを作成し，保育者の介
入の特徴を把握する。

また，5 章において詳しく説明するが，先行研究で検討が不十分な点を踏
まえ，保育者が子どもの行動に応じてどのように介入をするのかを検討する。

3.2.2　歩行開始期の仲間関係における主張的やりとりの発達過程の検討

研究 3 と研究 4 では，関係的―歴史的アプローチを参照しながら，主張的
やりとり（自己主張を含む子ども同士のやりとりを「主張的やりとり」と呼ぶ）に
おける自己主張の発達過程を検討する。関係的―歴史的アプローチでは，(1)
やりとりのパターンを分類してその発達的変化を量的に分析し，ケース間の
共通性を把握する方法と，(2)個々のケースについて発達的変化を質的に分析
し，発達過程をより精緻に描き出す方法を組み合わせることを提案している。
本論文においては，主に，研究 3 で(1)の分析を，研究 4 で(2)の分析を行なう。

なお，関係的―歴史的アプローチでは，分析結果を母集団へ一般化するこ
とは意図しておらず，今後，検証されるべき仮説を示す（Fogel et al., 2006）。
本論文でも，歩行開始期の仲間関係における主張的やりとりの発達過程につ
いて，今後の検討に値する仮説を提示することを目指したいと考える。

研究 3：歩行開始期の仲間関係における主張的やりとりの発達過程―発達
過程の共通性に着目した検討―（6 章）

研究 3 では，子ども同士の主張的やりとりの発達過程に関して，関係的―
歴史的アプローチを参照しながら主に量的な分析を行なう。分析の際には，

研究1において見出された発達的移行期をその対象とする。分析は，以下の
2点について行なう。

　第一に，それぞれの子どもが他児との間で経験した主張的やりとりにどの
ようなパターンがみられるのかを分類した上で（関係的―歴史的アプローチの
「フレーム分析」にあたる），各パターンの発達的軌跡を量的に分析する。子ど
も間に共通するやりとりのパターンのあり方と発達的軌跡の分析により，主
張的やりとりの組織化のあり方とその発達的変化を把握する。

　第二に，子ども同士の主張的やりとりの展開過程が，より具体的にはどの
ように変化して，新しいパターンが出現したり増加したりするのかについて
の分析を行なう。この分析では，量的分析に加え，対象とした子どもに類似
した経験がみられる典型的な事例を参照する。それにより，子ども間に共通
する発達過程についての考察を行なう。

　以上の分析は，課題2「発達的変化の過程の検討」，課題3「子ども同士
のやりとりの検討」に対応している。

研究4：歩行開始期の子ども同士のやりとりにおける自己主張の発達過程
―発達過程の個別性や保育者の介入との関連に着目した質的分析―（7章）

　研究4では，主張的やりとりの事例が多くみられた男児1名，女児1名に
ついて，他児との主張的やりとりの発達過程を質的に分析し，自己主張の発
達過程をより精緻に明らかにする。

　分析においては，研究3で示された子ども間の共通性に関する知見を精緻
化するだけでなく，発達過程の個別性を明らかにする。また，主張的やりと
りの発達過程に関連すると考えられるやりとりの文脈についても検討する。
さらに，研究2の知見も参照しながら，保育者の介入が発達過程にどのよう
に関連しているかについての検討を加える。

　以上の分析により，課題1「個々の子どもの発達の道筋の検討」，課題2
「発達的変化の過程の検討」，課題3「子ども同士のやりとりの検討」，課題
4「保育者の介入と子どもの自己主張の発達との関連の検討」を統合的に行

44 第1部 序 論

なうことを目指す。

　以上のように本研究では，研究1〜研究4において量的分析と質的分析を組み合わせる。このように，異なる研究方法を組み合わせることは「トライアンギュレーション（triangulation）」と呼ばれ，ある現象を多様な視点から検討し，理解を深めるために有用な方法である（Patton, 2002; Willig, 2003）。

3.3　観察調査の手続き

　以上の4つの研究は，1保育所の1歳児クラスを対象とした観察調査によって得られたデータについて，異なる観点から分析を行なったものである。そこで，4つの研究に共通している観察調査の手続きを述べておく。

3.3.1　調査時期と調査対象

　調査時期は，2003年5月〜2004年3月。調査対象は東京都内1公立保育所[1] 1歳児クラスの男児4名，女児6名の計10名である[2]。本研究では，データの収集にあたり，観察期間を3つの時期に分割した。対象としたのは保育所のため長期の休みはないが，8月のお盆前後と年末年始に数日の休園期間がある。これらの期間は，短期間ではあってもいったん園を離れて普段とは異なる生活をし，休み後には園への再適応を迫られるなど，子どもが生活の変化を経験する期間である。また，保育者もこれらの休園期間を区切りとして捉えていた。こうした点を踏まえ，お盆休みと年末年始の休みを区切りとして，5月〜8月をⅠ期，9月〜12月をⅡ期，1月〜3月をⅢ期とした。

---

1) 0歳児クラスから5歳児クラスまで，計6クラスある保育所である。
2) 観察開始時の在籍児は，計11名（男4，女7）。うち2名（男1，女1）は1月に転園した。このうち女児は出席日数が少なく他児との関わりも少なかったため（全エピソード数4），分析から除外した。男児は他児との関わりが比較的多かったため，転園までを分析に含めた。

Table 3.2に対象児の性別および誕生月と各期観察時における月齢のレンジを示す[3]。

　対象としたクラスの担当の保育者は女性3名（経験年数は7年, 10年, 20年）であった。I期終了時（8月）とII期終了時（12月）に各保育者に対し, 子ども同士の葛藤や自己主張の発達的意義や介入の仕方について尋ねた。いずれの保育者も, 子ども同士の葛藤や自己主張を発達において重要なものと捉えており, 介入する際には, 子どもの気持ちに共感すること, 相手の気持ちを伝えること, 葛藤の解決法や解決の選択肢を示すことを心がけていることなどを語った。なお, 語られた内容については, 保育者の介入を検討した研究2においてより詳しく記述した。

3.3.2　観察手続き

　午前中の自由遊びと片づけの様子を観察・録画した。低年齢のため, 調査者の存在が脅威とならないよう調査開始前に訪問したほか, その日の観察終了後も午睡前まで保育室にとどまり, 必要に応じて保育を手伝いながら子どもや保育者との関係形成に努めた。訪問は1〜2週に1回程度であった[4]。録画は調査者がデジタルビデオカメラを手に持って行ない, クラスの全員が

Table 3.2　対象児の性別および誕生月と各期観察時における月齢のレンジ

ID		A	B	C	D	E	F	G	H	I	J
性(誕生月)		男(4)	男(4)	女(6)	女(7)	女(7)	女(8)	女(10)	男(10)	女(1)	男(3)
月齢	I期	25-27	25-27	23-25	22-24	22-24	21-23	19-21	19-21	15-17	14-16
	II期	29-32	28-32	27-30	26-29	25-29	24-28	22-26	22-25	19-22	18-21
	III期	33-35	33-35	31-33	30-32	29-32	28-31	27-29	26-26	23-25	22-24

---

[3] 保育経験に関しては, 1歳児クラスから入園の1名を除く9名が0歳児クラスからの継続であった。観察を開始した時点で, 親との分離時に泣く, 保育者や他児との関わりがほとんどみられないなど, 園において明らかな不安を示す子どもはいないことを確認した。

[4] 各期の間には休みを挟み, 保育所のためその期間自体は短いものの, 休み前後の時期は子どもの人数が少なかったり, 休み明けには子どもが不安定だったりしたため, 観察調査は, 休み前後には間をあけて行なった（I期とII期の間は約6週間, II期とIII期の間は約4週間）。

観察の対象となるよう毎回対象児を定め，その子どもを中心としつつ周囲の様子を含めて録画した。録画時間は1人1回につき10分間であり，各時期に1人4回の録画を行なった。ただし，1月に転園した男児（H）については，Ⅲ期に1回の録画しかできなかったため，合計1170分のVTRを分析の対象とした。1回の訪問において対象児となった子どもは，その日の日課等によって異なり2～8名だった。調査者から積極的に働きかけることは控えたが，子どもからの働きかけに対しては，不自然にならない程度に応答した。保育者には普段通りに振る舞うようお願いした。なお，自由遊びの場所や遊びの内容は多岐に亘り，保育室では，ままごとやパズル，絵本等玩具での遊びが主であり，保育室よりもやや空間の広いホールや空き部屋では，その他に大型積み木や跳び箱を用いた遊びが行なわれていた。2階の広めのベランダでは，三輪車やシャボン玉等の遊び，園庭や公園では，三輪車や砂遊び，ブランコ等の遊具での遊びが主であった。こうした空間の広さや遊びの内容によって，場所を「保育室」，「ホール・空き部屋」，「ベランダ」，「園庭・公園」の4つに分類し，時期ごとの撮影時間を算出したところ，寒い時期を含むⅡ・Ⅲ期では「保育室」や「ホール・空き教室」での撮影が比較的多かったものの，時期による撮影時間の割合の差は最大でも13%であり，それほど大きなものではないと判断した。

3.3.3 分析の対象とする事例

　自己主張を含む事例を分析の対象とした。1章で述べたとおり，自己主張は「他児との間に葛藤が生じていたり，潜在的に葛藤を含む場面において，自己の要求や意図，または他者の行動に対する拒否や不快な情動等を，表出あるいは伝達しようとする行動，また，自己の要求を実現しようとする行動」とした。収集した事例は「他児への自己主張を含む相互作用」であり，事例の終了は他児への働きかけが終了した時点とした。ただし，同じ相手に対する自己主張でも，20秒以上の間をおいた場合は別の事例とした。また，

3人以上の子どもが関わった場合，最も多くのやりとりを行なったペアを分析の対象とした。VTRから分析対象となる事例をすべて抽出し，開始時の状況，子どもの発声・発話・行動，保育者の対応，終了後の状況を書き起こした。できるだけ多くの事例を収集するため，対象児が関わっていない場合でも，開始から終了までが明瞭に記録されている場合は分析の対象とすることとした。各時期に収集された事例数の合計は，Ⅰ期136，Ⅱ期155，Ⅲ期151であった[5]。また，各時期に各児が関わった事例数は平均（括弧内はレンジ）で，Ⅰ期27.2（11-43），Ⅱ期31.0（17-55），Ⅲ期30.2（3-65）であった[6]。

3.3.4 データ収集に関する注意点

先述のように，関係的－歴史的アプローチの微視発生的方法では，発達的移行期が始まる以前から移行終了後まで，各ケースを頻繁に観察したデータを分析する。例えばFogel et al.（2006）は，それぞれの母子を生後4週から52週にかけて週1回ずつ，生後53週から104週にかけては2週に1回ずつ観察している。

一方，本研究では，5月〜3月までの間，1〜2週に1回ずつ保育所で観察を行なったものの，それぞれの子どもについて毎回観察を行なったわけではない。毎回焦点児を定め，それぞれの子どもについて各時期に4回ずつ（1回10分×4日分で計40分）の観察を行なった。これは，クラス全員の11名を観察の対象としたことにより，各訪問時の時間内に全員を観察することは難しかったためである。対象児が関わっていない場合でも，事例の開始から終了までが明瞭に記録されている場合は分析の対象としたことや，対象児の相手として観察されている場合も分析に含めたため，多くの子どもについては各時期に4回以上の観察がなされている。しかし，観察された日の間隔や回

5）エピソードに関わったペアの双方をそれぞれにカウントした数値ではない。
6）エピソード数が10以下の子どもはⅢ期に2人であった。Cと1月に転園したHである。Cはこの時期に保育者への甘えが強くなり，他児との関わりが減ったことによると思われる。

数は子どもによって異なっている。

　ある特定の子どもを選出して頻回の観察を行なったり，全員を対象にする場合でもなるべく等間隔で観察を行なえば，より精緻な分析が行なえたのかもしれない。しかし，筆者が関係的一歴史的アプローチに出会ったのは，観察を終えた後，観察データを予備的に分析したり何度も見直したりしながら問題意識を深めていく過程であった。そのため，関係的一歴史的アプローチに基づいて観察デザインを計画することができなかった。また，たとえ関係的一歴史的アプローチに基づいて観察デザインを計画したとしても，保育所ではその日によって日課が異なり，欠席の子どもがいる場合も多いので，各児の観察を等間隔にするのは難しいかもしれない。今後，保育所の子どもを対象にして関係的一歴史的アプローチによる研究を行なう際には，より詳細な分析が行なえるよう，観察の手続きを工夫していく必要があるだろう。

　なお，研究1〜研究3の量的分析では，上記のように子どもによって観察された日の間隔や回数が異なっていることと，一回の観察で得られた事例数がそれほど多くないことから，Ⅰ期〜Ⅲ期の各時期の事例をまとめて分析し，大まかな発達的変化の把握を行なった。一方，研究3および研究4の事例の質的分析においては，それぞれの子どもについて事例を時系列に並べて事例間の比較を行ないながら分析を行なった。分析の詳しい方法については，各章で述べる。

　以上のように，観察データの収集における限界があるものの，先行研究と比較すると頻回の観察データについて分析を行なっており，関係的一歴史的アプローチによって仲間関係における主張的やりとりの発達過程を検討するための第一歩として意義があると考える。

第 2 部

歩行開始期の仲間関係における自己主張の
発達的変化および保育者の介入に関する検討

4章　研究1：歩行開始期の仲間関係における
　　　自己主張の発達的変化—自己主張に伴う情動的
　　　側面と発達的軌跡の違いを考慮した分析—

4.1　問題と目的

　本論文の目的は，保育所の1歳児クラスにおける縦断的観察データについて，関係的—歴史的アプローチを参照しながら，子ども同士のやりとりにおいて言葉による自己主張が生じてくる過程を明らかにすることである。ただし，3章で述べたように，関係的—歴史的アプローチを参照した研究を進めるにあたっては，その準備として，カテゴリーの作成や，分析において焦点を当てる発達的移行の時期と内容の検討が必要だと考える。

　研究1では，まず，1章で整理した自己主張の定義に基づいて仲間関係における自己主張を収集し，自己主張のカテゴリーを作成する。次に，各カテゴリーについて，個々の子どもに焦点を当て月齢の違いによる発達的軌跡の違いを考慮した分析を行なう。この分析の結果に基づき，関係的—歴史的アプローチにおいて焦点を当てる発達的移行の時期と内容を検討する。

　なお，カテゴリーの作成にあたっては，自己主張の情動的側面に関しても考慮する。以下に，自己主張の情動的側面を考慮する理由を説明した後，個々の子どもの月齢の違いによる発達的軌跡の違いを考慮した分析の方法を具体的に説明する。

　自己主張に伴う情動的側面の検討　他児とのやりとりにおいて不快情動を経験し，表出し合うことの発達的意義についてはこれまでにも指摘されており，子どもはこうした情動の関わるやりとりを通じて，自他の情動を理解し

たり，情動を調整する方法などを学ぶという（井森，1997；斎藤，1986など）。従って，他児とのやりとりにおける不快情動の表出・調整の発達的変化を具体的に明らかにすることは，重要な検討課題の一つであると考えられる。

　この時期の仲間関係に関する先行研究では，特に怒りの表出と関連すると考えられる攻撃行動については検討がなされている（Hay, 2005など）。しかし，不快情動の表出は，攻撃行動だけではない。例えば，不快を感じた時に強い口調で「だめ」と言うなど，子どもが発声や発話に伴って情動を表出することも多いことが考えられる。言葉によって自己主張する場合でも，声のトーンに怒りを含む場合には，相手に不快情動をより生じさせやすく，葛藤をエスカレートさせるかもしれない。自他の要求を調整するにあたっては，声のトーンに不快情動を伴わずに自己主張することが有効である可能性が考えられる。先述のように先行研究では，発話の内容については発達的変化が検討されているものの（Caplan et al., 1991; Eckerman & Didow, 1996; Hay, 2006; Hay & Ross, 1982; 本郷，1996; Smiley, 2001），そうした発話に不快情動の表出が伴うかどうかについてはあまり検討されていない。

　一方で，親や年上のきょうだいとのやりとりにおける自己主張に関しては，不快情動の表出が1歳後半から2歳頃に多くみられ，不快情動の表出を伴わない拒否や交渉等の発話が3歳頃までに出現・増加することが示されている（Dix et al., 2007; Dunn & Munn, 1987; Kuczynski et. al, 1987; Kuczynski & Kochanska, 1990; 坂上，2002）。しかし，これらの知見は，仲間に対する自己主張についても同様の発達的変化がみられることを必ずしも保証するものではない。社会的スキルの未熟な同年代の仲間同士のやりとりでは，3歳近くになっても頻繁に不快情動が表出される可能性も考えられる。仲間同士のやりとりにおける自己主張に伴う情動的側面について，特に発声・発話に不快情動の表出が伴うかどうかに着目し，より詳細な検討を行なうことが必要だと考えられる。

　そこで，仲間同士のやりとりにおける自己主張に伴う情動的側面について，

特に発声や発話の声の情動的トーンについてのカテゴリーを作成し，発声や発話に伴う不快情動の表出がどのように発達的に変化するのかを分析する。

月齢の差を考慮した発達の道筋の検討　2章で指摘したように，先行研究における発達的変化の分析では，多くの場合，集団全体を一括りにして算出された値によって，ただ一つの“平均的な”あるいは“全体的な”発達的変化のパターンが導かれている。このようにして発達的変化が導かれる場合，個別の発達の道筋は打ち消されてしまう可能性がある。個の発達をより精緻に明らかにするためには，個々の子どもの発達的軌跡を検討する必要があると考えられる。

特に，保育所等のクラス集団を対象とする場合，月齢の差によって発達的軌跡に違いがある可能性を考慮する必要がある。クラス集団に所属する子どもの月齢は，通常，4月生まれから3月生まれまで約1年の幅があり，こうした月齢（誕生月）の差によって，その後に辿る発達的軌跡が大きく異なりうることが想定されるからである。しかし，特に日本の保育所を対象とした研究において，この点は十分に考慮されておらず，歩行開始期の仲間関係における自己主張の発達的変化が詳しく明らかになっていない。

個の発達的軌跡を分析するという問題に関して，各個人の中に複数回の測定値がネストされた階層データととらえて，個人の発達的変化のパターンを分析することができることが指摘されている（南風原・小松，1999）。その具体的な方法の一つに，標準的な共分散構造分析のソフトウェアで実行可能な，潜在曲線モデルによる分析がある（狩野・三浦，2002；南風原，2011）。これは，各個人の変化に近似直線をあてはめた場合の切片と傾きを基準変数とし，個人の属性を説明変数とした回帰分析を行なうものである。本研究では，1年間をⅠ〜Ⅲ期に分け，誕生月を説明変数とするモデル，すなわち，この3時点における自己主張の変化のパターンが誕生月によって異なるかを分析するモデル（Figure 4.1）を検討する。このモデルにおいて，「切片」および「傾き」は，各児の3時点の変化にあてはめられた近似直線の切片および傾きで

54　第2部　歩行開始期の仲間関係における自己主張の発達的変化および保育者の介入に関する検討

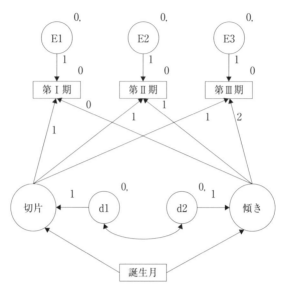

Figure 4.1　誕生月を説明変数とした潜在曲線モデル

あり，それぞれ，初期量（I 期における値）と増加率を示す。また，切片や傾きへのパス係数は，誕生月の 1 ヵ月の違いによる，初期量や増加率の違いを表している。パス係数が有意であった場合は，変化のパターンの違いが誕生月の違いによって説明できることを示す。従って，この分析により，従来の研究では見過ごされがちであった，観察開始時点での月齢の違いによるその後の発達的変化のパターンの多岐性を示すことができるだろう。さらに本研究では，この分析の結果に基づきつつ，個々の子どもの数値を参照することで発達的軌跡を丁寧に追跡し，子ども間の共通性を見出すことで全般的な発達的傾向を推測する。つまり，初めからクラス内のすべての子どもに同一の発達的軌跡が存在すると仮定して"平均的な"発達曲線を描くのではなく，個々の発達的軌跡の共通性から一般化されうる発達的傾向を見出したいと考える。

4.2 方　法

　調査時期と調査対象，観察手続き，および分析手続きの一部については3
章に詳しく記述したため，ここでは本研究独自の部分を中心に述べる。

　分析は，東京都内1公立保育所1歳児クラスの男児4名，女児6名の計10
名を対象に行なった。対象児の性別，誕生月と各期観察時における月齢のレ
ンジは，Table 3.2（3章）に示してある。分析対象の事例は「他児への自己
主張を含む相互作用」である。自己主張は，1章で検討したように，「他児
との間に葛藤が生じていたり，潜在的に葛藤を含む場面において，自己の要
求や意図，または他者の行動に対する拒否や不快な情動等を，表出あるいは
伝達しようとする行動，また，自己の要求を実現しようとする行動」とした。
各時期に収集された事例数の合計は，Ⅰ期136，Ⅱ期155，Ⅲ期151であった。
また，各時期に各児が関わった事例数は平均（括弧内はレンジ）で，Ⅰ期27.2
（11-43），Ⅱ期31.0（17-55），Ⅲ期30.2（3-65）であった。

　自己主張について，①自己主張の内容，②発声・発話の場合は声の情動的
トーン，③保育者の介入に直接従った行動かどうかを分類した。

　①子どもの自己主張の内容のカテゴリーは以下の手順で作成した。まず，
子どもを誕生月順に半分に分け，各群から男女1名ずつ（計4名）をランダ
ムに選んだ。この4人の行動を，「身体的行動」と「発声・発話」を区別し
た上でKJ法によって分類し，暫定的なカテゴリーとした。次に，すべての
子どもの行動について，VTRと文字記録を見ながら分類を行なった。同様
の行動が2秒以内に繰り返された場合は，重複してコーディングせず，一つ
の行動として扱った。また，身体的行動と発声・発話が2秒以内に同時に示
された場合は，一つの反応として記録しつつ，各々についてコーディングし
た。コーディングの際にカテゴリーが不十分であった場合には，適宜修正を
加えてコーディングし直すという作業を繰り返し行ない，生起頻度が非常に

56   第2部　歩行開始期の仲間関係における自己主張の発達的変化および保育者の介入に関する検討

低かったカテゴリーは削除した上でカテゴリーを決定した。さらに，「他者
に対してどの程度直接的な行動か，自他の要求をいかに考慮した行動か」と
いう観点からカテゴリーをまとめて上位カテゴリーを作成した。カテゴリー
は Table 4.1に示した[1]。

②発声・発話の声の情動的なトーンのコーディングは Hubbard（2001）を
参考に行なった。そのアプローチは，情動表出の数々の要素を詳細にチェッ
クした上でコーディングするものではなく，情動に関する経験的な知識に基

Table 4.1　自己主張のカテゴリー

	カテゴリー名		カテゴリーの内容（行動や発声・発話の例）
身体的行動	物の奪取・保持		物や場所を取ろうとする，取り返そうとする
	身体への働きかけ	身体的攻撃	相手に身体的にダメージを与える（叩く，蹴る，噛む）
		身体的拒否	自分に対する行動を不快に感じて，振り払ったり制止する
		押しやる	相手の物や場所を取ろうとして，相手を押しやる
	距離化	物の距離化	相手と自分の物との距離を広げようとする（後ろに隠す）
		回避	相手を避けようとしたり，避けるために逃げようとする
	その他		上記のカテゴリーに当てはまらない身体的行動
発声・発話	発声		単語として意味をなさない発声（「アー」「ア，ア，ア」）（泣きやぐずり声など，泣きに関連した発声を除く）
	（一方的な）要求・拒否	要求・依頼	物や行動を要求，依頼する（「かして」「～して」）
		拒否・禁止	要求や行動を拒む，禁止する（「だめ」「～いけない」）
	状況の説明	所有・権利	所有や権利を主張する（「○○ちゃんの」「つかってるの」）
		状況・結果	状況や行動の結果に言及する（「とおれない」「なげちゃった」）
		否定	相手の発話や行動を否定する（「ちがう」「～じゃない」）
		内的状態	自分の内的状態や欲求に言及する（「～したい」「いたい」）
	要求の調整	条件の提示	条件を付けて要求する（「いっこちょうだい」「あとでかして」）
		質問・同意	意図や状況などを質問する，同意を求める（「どれ？」「～ね？」）
	泣き	泣き	泣く，ぐずる
	その他	その他	上記のカテゴリーに当てはまらない発話

---

1)「質問・同意」は，厳密には自己主張として捉えることに無理があると思われるが，相手に対し
　て完全に譲歩するのではなく，自分の要求を伝達・実現しようとするプロセスで生じた発話であ
　ることから，ここでは自己主張のカテゴリーとして含めることとした。

づいてコーディングするものである。Hubbard（2001）では，怒り・悲しみ・喜びに分類しているが，本研究では，怒りと悲しみの区別が困難であること，喜びの表出は見られなかったことから，声のトーンをネガティブとニュートラルに分類することとした。具体的には，普段の口調と比べて強い口調，金切り声や叫び声など，発声・発話に明確な不快情動の表出が伴っているものをネガティブ，それ以外の発話をニュートラルとして分類した[2]。

③上記の自己主張の内容および発声・発話の声の情動的トーンのコーディングは，保育者の介入の有無にかかわらず，自己主張すべてに対して行なったが，保育者の介入の直接的な影響がある可能性もある。そこで，それぞれの自己主張が「『貸して』と言ってごらん」等の介入に直接従った行動かについてもコーディングを行なった。

コーディングの信頼性を確認するため，心理学専攻の大学院生がトレーニングを受けた上で，各時期に観察されたエピソードの15%（計66；Ⅰ期20，Ⅱ期23，Ⅲ期23）について，筆者とは別に，VTRを見ながら子どもの行動の簡潔な文字記録を作成した上で，各行動のコーディングを行なった。まず，子どもの行動の文字記録が一致しているか（行動が生起したものとして記録されているか，身体的行動と発声・発話が同時に見られたものとして記録されているか等）に関してκ係数を算出したところ，.80であった。また，コーディングの一致については，①子どもの自己主張.79，②発声・発話の声の情動的トーン.85，③保育者の介入に従った行動か.98（いずれもCohenのκ係数）であり，ほぼ満足できる数値を得た。一致しなかった箇所については，録画記録を見直し

2）この分類は，強い不快情動の表出を伴う発声・発話と，葛藤を含まない状況における普段の声のトーンあるいはそれに近い発声・発話を区別することを目的とした。ニュートラルな声のトーンに分類された発声・発話でも，拒否や否定など発話の内容によってやや不快のニュアンスを伴うものも含まれうるが，強い不快情動の表出は伴わず，普段の声のトーンに近いという意味で「ニュートラル」に含めた。また，泣きはネガティブなことが明らかなため，トーンについての分類は行なわなかった。従って，ネガティブなトーンとして分類されたのは，主に怒りのトーンであると推測される。また，表情については，明確に録画されていない場合も多いため，本研究では検討しない。

58 第2部 歩行開始期の仲間関係における自己主張の発達的変化および保育者の介入に関する検討

た上で筆者が最終的に決定した。

4.3 結 果

4.3.1 潜在曲線モデルによる分析

自己主張の発達的変化について，潜在曲線モデルによる分析を行なった（Amos 5 student version を使用）。検討したモデルは，Ⅰ～Ⅲ期の変化のパターンが誕生月によって異なるかを分析するモデル（Figure 4.1）である。分析結果を Table 4.2に示す[3]。分析は，上位カテゴリーごとに行なった。分析には，各カテゴリーに含まれる行動数の，自己主張すべての行動の合計数に対する割合を用いた[4]。また，1～3月生まれは誕生月に12を加えた。これは，誕生月の数値の違いが月齢の差異を反映するようにするためである。ただし，結果の解釈の際には，月齢が小さいほど誕生月が大きいことに注意が必要である。例えば，1月生まれは12月生まれより月齢が1ヵ月小さく，誕生月の値は13となる。発声・発話について，声の情動的なトーンによって（泣きを除く），【発声：ネガティブ】，【発声：ニュートラル】，【発話：ネガティブ】，【発話：ニュートラル】に分類した。さらに，発声・発話に身体的行動が伴うかによって【身体的行動のみ】，【発声・泣き＋身体的行動】，【発声・泣きのみ】，【発話＋身体的行動】，【発話のみ】に分類した。分析したモデルは，問題と目的でも述べたように，Ⅰ～Ⅲ期における各カテゴリーの割合の変化に近似直線をあてはめた場合の切片と傾きを基準変数とし，誕生月を説明変数とした回帰分析を行なうものである。切片や傾きへのパス係数は，誕生月の1ヵ月の違いによる切片（初期量：Ⅰ期における当該カテゴリーの割

3）H（1月で転園）のⅢ期のデータは不十分であるが，Hを除いた分析でも有意となる箇所はほとんど変化しなかったため，Hを加えた結果を掲載することとした。なお，結果が変化した個所は（括弧内はHを除いた場合のp値），【発話・ネガティブ】（傾きへのパス係数のp値.06），【状況の説明】（傾きへのパス係数のp値.07）である。

4）自己主張の合計数のレンジは，Ⅰ期16-65，Ⅱ期26-93，Ⅲ期7-136であった。

4章　研究1：歩行開始期の仲間関係における自己主張の発達的変化　　59

Table 4.2　自己主張の発達的変化に関する分析結果

| カテゴリ | 適合度 | | | 誕生月からのパス係数の推定値 | | | |
	χ^2値	p値	RMSEA	切片		傾き	
身体的行動 物の奪取・保持	.670	.715	.000	.018	(.011)	− .004	(.006)
身体への働きかけ	.368	.832	.000	− .002	(.012)	.023**	(.009)
距離化	.165	.921	.000	.001	(.004)	.002	(.003)
その他	2.351	.309	.140	.001	(.003)	− .001	(.001)
発声・発話 発声	.984	.611	.000	.026**	(.009)	− .005	(.003)
要求・拒否	3.182	.204	.256	− .048***	(.009)	.004	(.005)
状況の説明	.530	.767	.000	− .007**	(.003)	− .010*	(.005)
要求の調整	2.630	.268	.187	.000	(.001)	− .006***	(.001)
泣き	3.319	.190	.271	− .001	(.002)	.005*	(.002)
その他	.381	.827	.000	− .002	(.001)	.001	(.001)
声のトーン 発声：ネガティブ	.789	.674	.000	.013	(.009)	− .002	(.004)
発声：ニュートラル	.744	.690	.000	.010***	(.003)	− .002	(.001)
発話：ネガティブ	4.777	.092	.393	− .034***	(.008)	.013*	(.007)
発話：ニュートラル	7.128	.028	.534	—	—	—	—
身体的行動制御 身体的行動のみ	.943	.624	.000	.028	(.018)	.011	(.007)
発声・泣き＋身体的行動	4.507	.105	.373	.007	(.005)	− .001	(.002)
発声・泣きのみ	.095	.954	.000	.009**	(.003)	.001	(.003)
発話＋身体的行動	.701	.704	.000	− .028***	(.008)	.009*	(.004)
発話のみ	.467	.792	.000	− .024***	(.004)	− .016***	(.005)

注.（　）内の数値は標準誤差。自由度はすべて2。*p<.05, **p<.01, ***p<.001.

合）や傾き（増加率）の違いを表す。

　例えば，Table 4.2において【状況の説明】は，切片へのパス係数が1％水準，傾きへのパス係数が5％水準で有意であり，誕生月が1ヵ月遅いとⅠ期での割合が.007低く，増加率は.01小さいことを示す。

　モデルの適合度の指標として，χ^2値，そのp値，RMSEAの値を示した。χ^2値とp値からは，【発話：ニュートラル】を除き，5％水準でモデルは棄却されなかった。ただし，サンプルが小さいため，そのことをもってモデルの適合を積極的に主張することはできない。そこで，RMSEAも見てみると，有意なパス係数が得られたカテゴリーのうち【要求・拒否】，【要求の調整】，【泣き】，【発話：ネガティブ】でRMSEAが.1以上の値を示し，モデルの適

60 第2部 歩行開始期の仲間関係における自己主張の発達的変化および保育者の介入に関する検討

合が十分とはいえないことが示唆された。こうした場合には，結果の解釈において注意が必要であるが，少なくとも棄却されなかったモデルのもとで有意な結果が得られたことは意味のあることだと考え，以下の分析は，モデルが棄却されなかった場合のカテゴリーを対象とし，現時点での暫定的な結果として示すこととする。

切片や傾きへのパス係数について，有意な値が得られたのは，【状況の説明】，【発話：ネガティブ】，【発話＋身体的行動】，【発話のみ】（以上，切片と傾きへのパス），【発声】，【要求・拒否】，【発声：ニュートラル】，【発声・泣きのみ】（以上，切片へのパス），【身体への働きかけ】，【要求の調整】，【泣き】（以上，傾きへのパス）であった。

4.3.2 個々の子どもの発達的軌跡の検討

以上の結果は，多くのカテゴリーにおいて，観察開始時の月齢の違いによって発達的変化のパターンが異なることを示唆している。ただし，個々の子どもの発達的軌跡には，月齢が近くなる時点での共通性がみられる可能性も考えられる。そこで，有意であったカテゴリーについて，パス係数の値も参考にしつつ，個々の子どもの具体的な数値を参照して発達的軌跡を追跡し，それを各児の月齢を考慮しながら比較した。その結果，例えば，【身体への働きかけ】は，月齢が低めの子どもたちでは，1歳後半から2歳頃にかけてその割合が増加し，月齢が高めの子どもたちでは，2歳から2歳後半にかけて減少する傾向がみられた。すなわち，多くの子どもが2歳前後にピークを迎えることを示唆する発達的軌跡を示しており，これらをつなぎ合わせることで，「2歳前後にかけて増加し，その後に減少する」という発達的傾向を推測することが可能だと思われた。こうした発達的傾向は，カテゴリー間でも共通性がみられたため，出現時期，増加・減少の傾向，高い割合でみられる時期等を考慮して4つに分類し，その類型ごとに，自己主張の合計数に対する各カテゴリーに含まれる行動数の割合を，各児について Table 4.3 に示

4章　研究1：歩行開始期の仲間関係における自己主張の発達的変化

Table 4.3　各児における自己主張の合計数に対する各カテゴリーの割合

カテゴリー	有意なパス	期	自己主張の合計数に対する各カテゴリーの割合									
		ID:	A	B	C	D	E	F	G	H	I	J
	誕生月 (*印は女児):		4	4	6*	7*	7*	8*	10*	10	1*	3
1歳前半に比較的高い割合を示すカテゴリー												
発声	切片へ	I	.16	.05	.07	.16	.04	.12	.13	.13	.16	.56
		II	.09	.05	.02	.01	.00	.13	.35	.03	.00	.29
		III	.00	.00	.00	.03	.01	.16	.00	.00	.06	.33
発声ニュートラル	切片へ	I	.00	.00	.03	.02	.00	.02	.06	.03	.16	.08
		II	.00	.03	.00	.00	.03	.15	.00	.00		.05
		III	.00	.00	.00	.02	.00	.00			.06	.07
発声・泣きのみ	切片へ	I	.10	.06	.03	.12	.06	.06	.06	.08	.16	.18
		II	.06	.03	.02	.06	.02	.05	.31	.00	.02	.13
		III	.00	.04	.00	.03	.02	.05	.00	.00	.28	.00
2歳前後にかけて比較的高い割合を示し，2歳後半にかけて減少するカテゴリー												
身体への働きかけ	傾きへ	I	.40	.25	.07	.49	.42	.32	.13	.18	.24	.38
		II	.25	.11	.02	.07	.33	.26	.31	.10	.40	.34
		III	.09	.14	.02	.07	.09	.21	.00	.67	.33	.56
泣き	傾きへ	I	.02	.05	.03	.06	.06	.00	.00	.03	.00	.05
		II	.00	.00	.00	.01	.02	.00	.04	.00	.02	.04
		III	.00	.04	.00	.03	.03	.02	.00	.08	.22	.00
発話：ネガティブ	切片へ／傾きへ	I	.34	.38	.21	.29	.13	.02	.00	.00	.00	.03
		II	.19	.12	.06	.27	.05	.16	.04	.03	.00	.04
		III	.09	.16	.29	.21	.11	.23	.27	.00	.00	.04
発話＋身体的行動	切片へ／傾きへ	I	.32	.31	.14	.39	.15	.06	.19	.00	.00	.00
		II	.31	.18	.06	.23	.18	.13	.19	.01	.00	.06
		III	.14	.21	.29	.19	.11	.00	.18	.00	.00	.07
1歳代から示され始め，2歳代に比較的高い割合を示すカテゴリー												
要求・拒否	切片へ	I	.38	.55	.48	.47	.28	.14	.25	.01	.00	.03
		II	.38	.58	.44	.64	.51	.42	.23	.17	.00	.09
		III	.51	.48	.43	.44	.34	.37	.18	.08	.06	.19
発話のみ	切片へ／傾きへ	I	.16	.34	.31	.02	.18	.01	.06	.01	.00	.03
		II	.22	.05	.06	.58	.46	.32	.04	.07	.00	.03
		III	.57	.66	.57	.56	.55	.53	.27	.08	.06	.11
2歳頃以降に示され始め，2歳後半にかけて増加するカテゴリー												
状況の説明	切片へ／傾きへ	I	.06	.09	.00	.08	.04	.00	.00	.00	.00	.00
		II	.13	.15	.29	.21	.07	.03	.04	.00	.00	.00
		III	.20	.26	.43	.25	.18	.16	.27	.00	.00	.00
要求の調整	傾きへ	I	.00	.00	.00	.00	.00	.02[a]	.00	.00	.00	.00
		II	.03	.09	.00	.01	.00	.00	.00	.00	.00	
		III	.06	.12	.14	.07	.15	.07	.00	.00	.00	.00

注．[a] 保育者の促しによる。

下線は，切片へのパスが有意なカテゴリーで，Ⅰ期に他児と比べて値が大きいことを示す。網掛は，傾きへのパスが有意なカテゴリーで，Ⅰ～Ⅲ期における個人内の最大値を示す。

した。

　第一に，Ⅰ期において，誕生月の遅いⅠやＪが比較的高い値を示したのは，【発声】，【発声：ニュートラル】，【発声・泣きのみ】である。これらのカテゴリーがより特徴的にみられたのは1歳前半の時期にあたり，運動能力や言語能力が未熟であるため，発声によって自分の要求や拒否を伝えようとすることが比較的多いと考えられる。

　第二に，誕生月が前半の子どもたちにおいてはⅠ～Ⅲ期にかけて減少し，誕生月が後半の子どもたちでは主にⅢ期にかけて増加する傾向を示したのは，【身体への働きかけ】，【泣き】，【発話：ネガティブ】，【発話＋身体的行動】である。2歳前後は，攻撃や泣き，強い口調の発話などによって不快情動が表出されやすい時期である可能性が示唆される。ただし，【身体への働きかけ】と【発話・ネガティブ】では，子どもによってやや異なるパターンもみられた。誕生月が前半のＡ，Ｂ，Ｄ，Ｅでは，両方のカテゴリーでⅠ期の値が最も高く，概ねⅠ期からⅢ期にかけて減少するという傾向がみられた。一方，Ⅱ期に2歳を迎えたＦとＧでは，【身体への働きかけ】についてはⅠ期またはⅡ期の値が最も高く，【発話・ネガティブ】についてはⅢ期での値が最も大きかった。これは，身体への働きかけがやや早めにピークを迎え，2歳頃に言葉が発達することによって発話に伴う不快情動の表出が増加するといったように，情動表出の方法に変化が生じる可能性を示唆しているのかもしれない。なお，Ｃは，誕生月の近い他児とはやや異なる傾向を示していた。Ｃはやや抑制的な傾向があり，【身体への働きかけ】の値は3期を通じて他児に比べて非常に小さかった。また，誕生月の近い他児がⅢ期にかけて減少傾向であった【発話：ネガティブ】と【発話＋身体的行動】の値はⅢ期に再び増加していた。これは，ＣがⅢ期に保育者に甘えるようになったことで他児との関わりが減少したため（Ⅲ期ではエピソード数が3），相対的にこれらの行動の割合が増加したことによると思われる。

　第三に，誕生月が前半の子どもにより高い割合でみられ，Ⅰ～Ⅲ期にかけ

4章 研究1:歩行開始期の仲間関係における自己主張の発達的変化 63

て高い割合で推移，あるいは大きな増加を示していたのは【要求・拒否】と
【発話のみ】である。「だめ」や「かして」など簡単な【要求・拒否】の表現
は，誕生月の遅い子どもたちにもみられたが，誕生月が早めの場合により顕
著であった。また，【発話のみ】は，全体的にⅠ～Ⅲ期にかけて増加してい
たものの，誕生月が早い子どもほどその増加の割合が大きく，2歳後半には
自己主張のうちの5割以上に上っていた。2歳後半にかけて，言葉による自
己主張がより活発に行なわれるようになることが示唆される。

　第四に，誕生月が遅めの子どもたちにはほとんどみられず，誕生月の早い
子どもにおいてもⅠ期ではみられないか，低い割合であり，Ⅲ期にかけて出
現・増加する傾向を示したのは，【状況の説明】と【要求の調整】である。
【状況の説明】は，所有権を主張する発話や，自他の状況や行動の結果に言
及する発話等を含むカテゴリーである。Ⅰ期ではA，B，D，Eに，Ⅱ期で
は加えてC，F，Gにみられ（C・F・Gにおける初出時期は生後22～29ヵ月），
Ⅲ期にかけてその割合が増加していた。一方，【要求の調整】は，相手の意
図を確認する発話や，条件を提示しながら要求する発話を含むカテゴリーで
ある。Ⅰ期ではFにおいて保育者に促されての発話がみられたのみであり，
Ⅱ期にはA，B，D，Ⅲ期には加えてC，E，Fにみられた（初出時期は28
～32ヵ月）。このように，自他について説明する発話や交渉的要素を含む発話
は2歳頃～2歳後半にかけて出現・増加することが示唆された。

　なお，以上のように個々の子どもの数値を参照した結果，RMSEAが.1以
上であった【要求・拒否】，【要求の調整】，【泣き】，【発話：ネガティブ】に
ついても，上述のような発達的傾向が確認された。そこで，本研究では，対
象児を増やした上で再検討する必要があることを念頭におきつつ，発達的傾
向の可能性の一つとして示し考察を行なうこととする。

　ここで，有意な結果が得られなかったり，モデルが棄却されたカテゴリー
に関しても，何らかの傾向がみられるかについて若干の検討を加える。【物
の奪取・保持】は，増減する時期に個人差があったものの，平均で（括弧内

はレンジ），Ⅰ期.37（.14-.52），Ⅱ期.32（.09-.72），Ⅲ期.24（.08-.43）と割合が少なくはなかった。1〜2歳代を通して，相手の物を取るなど物への働きかけの割合も，比較的高いことが示唆される。一方，【発話：ニュートラル】は，Ⅱ期では誕生月が前半の5人のうちＡを除く4人が5割以上（レンジは.58-.68），Ⅲ期ではＡを含めた5人が5割以上（レンジは.56-.71）という値を示しており，2歳後半には不快情動を伴わない発話が高い割合に達することが示唆される。その他のカテゴリーは，個人差が大きかったり，割合が低かったりして，顕著な傾向はみられなかった。

　また，上記の分析は，保育者の介入の有無にかかわらず，自己主張すべてに対して行なったものである。保育者の介入自体は，各時期のエピソードのうち6割前後（Ⅰ期58.1%，Ⅱ期55.5%，Ⅲ期62.3%）においてなされており，子どもの行動には保育者の存在や介入の影響がみられた。しかし，保育者に「『貸して』と言ってごらん」と言われて「かして」と言うなど，子どもが保育者の介入に直接従った自己主張は，各期におけるレンジが生起数で0-4，自己主張全体に対する割合で0-.11（最大はいずれもＦ・Ⅱ期）であり，全体的に少なかった。従って，自己主張の多くは，その場での保育者の指示にそのまま従ったものではなく，以前のやりとりなどで子ども自身が獲得した表現を含むものであることが示唆される。

4.4　考　察

　本研究では，歩行開始期の仲間関係における自己主張の発達的変化について，自己主張に伴う情動的側面を考慮してカテゴリーを作成し，月齢の差を考慮した発達の道筋の検討を行なった。以下に，それぞれについて本研究で明らかになった点および本研究の意義を考察する。さらに，本研究の限界と今後の研究に向けての課題を述べる。最後に，本研究の知見に基づき，関係的ー歴史的アプローチを参照した分析において焦点を当てる発達的移行の時

期と内容を検討する。

4.4.1 自己主張に伴う情動的側面の検討

　本研究では，自己主張に伴う情動的側面に関し，従来から研究されている攻撃行動に加え，発声・発話の声の情動的トーンについても検討した。まず，攻撃行動に関し，先行研究では生後18〜21ヵ月と30〜42ヵ月頃にそのピークがあることが示されている（Hay, 2005）。本研究において，攻撃を含む【身体への働きかけ】が最も高い割合だったのは21〜26ヵ月だった。最年長児は，観察開始時点で既に25ヵ月なので，それ以前にピークを迎えた可能性もあり，1歳後半〜2歳頃に攻撃行動の最初のピークがあるというのは，概ね先行研究の知見と一致すると考えられる。一方，本研究では観察期間内に2度目のピークは見られなかった。先行研究では実験室や家庭における2，3人の小集団，本研究では保育所のクラス集団を対象としており，こうした違いによって発達的軌跡が異なるのかもしれない。一方で，本研究の観察終了時には最年長児でも35ヵ月なので，まだ2度目のピークを迎えていない可能性もある。この点については，観察期間を増やして検討することが必要である。次に，声の情動的トーンに関し，ネガティブなトーンの発話の割合は2歳後半にかけて減少する一方，不快情動の表出を伴わない発話の割合は2歳後半には5割以上という値を示した。保育所における仲間同士のやりとりでは，おそらく保育者の存在や介入の影響もあり，2歳後半には不快情動を伴わない自己主張が増加することが示唆された。

　これらの結果について，自己主張の内容面の検討結果とも合わせると，以下のような発達的変化が推測できる。1歳前半には発声による働きかけが特徴的に見られる。1歳後半から攻撃行動等，他者の身体に向けた行動による不快情動の表出の割合が増加する一方，2歳頃には言葉の発達により，発話の声に不快情動を伴うようになる。こうして，2歳前後の時期には，他児に対して頻繁に不快情動が表出される。その一方，2歳頃から自他の状況を説

明する発話が示され始め，2歳後半にかけて，情動表出や身体的行動を伴わない発話や，要求を調整する発話など，よりスキルフルな自己主張の割合が増加する。

　では，こうした結果は，具体的なやりとりにおけるどのような変化を反映したものなのだろうか。エピソードを参照すると，1歳前半の子ども同士では，「ア，ア」と言って相手の物を要求するなどの行動が特徴的にみられたが，1歳後半になると，叩き合う場面も頻繁にみられるようになった。さらに，2歳前後には，強い口調での主張や攻撃行動を互いにし返し合う場面など，情動がエスカレートしていく場合が多くみられた。2歳前後には自律性への動機の発達により，他者に自分の目標が邪魔されることに強い不快を感じるようになる（Dix et al., 2007）。また，親子のやりとりで2歳前の時期には，親の怒りの表出に巻き込まれる形で子どもが同様の表出をしているように見受けられる場面があった（坂上，2002）。子ども同士のやりとりでも，互いに相手の不快情動の表出に誘発されて，不快情動をぶつけ合っているような場面がみられた。

　一方，2歳後半になると，不快情動を伴わずに言葉で主張したり，交渉的表現を用いるだけでなく，一度は不快情動や欲求を表出しながらも，自らそれを抑える場面もみられた。例えば，相手の玩具を一度自分の方に引き寄せるものの，すぐにやめて「あとでかしてね」と伝えたり，強い口調で自己主張した後で口調を弱めて言い直す場面等である。Kopp（1982）は，24ヵ月以降，表象的思考，喚起記憶等の認知的スキルの発達により，社会的規範に基づいて行動を自己統制（self-control）することが可能になることを指摘している。特に，保育所という文脈においては，保育者が仲間同士のやりとりに介入することで，子どもは，保育者の示す社会的規範や，適応的な葛藤への対処方法を内化していき，それを他児とのやりとりにおいても適用することができるようになるのかもしれない。

4.4.2　月齢の差を考慮した発達の道筋の検討

　特に，低年齢児クラスを対象とする場合，クラス全体を一括りにするのではなく，観察開始時の月齢による違いを考慮した分析を行なうことが必要であることを指摘した。本研究では，潜在曲線モデルを用いたことにより，自己主張の各カテゴリーについて，個人内の発達的変化のパターンを分析することができ，結果として，多くのカテゴリーで，発達的変化のパターンが観察開始時の月齢によって異なることが明確に示された。さらに，この結果に基づきつつ，個々の子どもの発達的軌跡を追跡し，その共通性から発達の傾向を検討した。そのことにより，誰のものでもないかもしれない"平均的な"発達的変化のパターンではなく，多くの子どもに共通してみられる可能性のある発達的変化の道筋を示すことができたと考える。今後，発達研究において，子どもの個人内の発達的変化を考慮したアプローチをとることの必要性が示唆される。

4.4.3　本研究の限界と今後の研究の課題

　本研究は保育所の1クラス10名を対象としたものであり，一般化可能性に限界がある。また，モデルの適合度が十分とはいえず，暫定的な結果とした場合もあった。得られた知見が妥当なものであるか，より多くの子どもに適用可能かについて，対象児を増やした上で更なる検討が必要であると考える。

　一方で，本研究で示されたパターンに当てはまらない子どもも存在すると考えられる。本研究でも，特にC児においては，月齢の近い子どもたちと異なるパターンがみられた。こうした発達差のみには還元されない個人差について，それを生み出す要因や，後の仲間関係における適応との関連等を検討することは，より精緻な発達の理解に資するだけでなく，どのような場合にどのような配慮や支援が必要なのかについて発達臨床的な示唆を得るためにも重要な課題であるだろう。

　また，本研究では，歩行開始期の仲間関係における自己主張の大まかな発

達的傾向が示され，自己主張の発達には社会・認知的スキル等の発達が関連している可能性について考察を行なった。一方で，こうした自己主張の発達的変化は，子ども同士が影響し合うやりとりの過程が発達に伴って変化することを反映したものであると考えられる。仲間同士の主張的やりとりの発達的変化の過程については，研究3と研究4において関係的―歴史的アプローチを参照しながらより詳細に記述・分析を行なう。

4.4.4 関係的―歴史的アプローチで焦点を当てる発達的移行の時期と内容

　最後に，本研究の結果から，研究3と研究4の関係的―歴史的アプローチで焦点を当てる発達的移行の時期と内容について検討する。本論文の目的は，歩行開始期の仲間関係において，言葉によって自己主張し合うやりとりが発達する過程を検討することである。本研究において自己主張に伴う不快情動にも着目して分析したところ，2歳前後に不快情動の表出を伴う自己主張が減少に転じ，2歳後半には言葉による自己主張でも，特に不快情動の表出を伴わない場合が増加するということが示された。強い不快情動の表出を伴わない言葉による自己主張は，よりスキルフルな自己主張の形態として捉えられる（Dietz, et al., 2005; Kuczynski & Kochanska, 1990）。また，言葉で自己主張し合う際に，互いに不快情動を表出せずにやりとりすることは，意図を相互調整する上でも有効な方法の一つだと考えられる。そこで，研究3および研究4においては，主に上記の「2歳前後に不快情動の表出を伴う自己主張が減少に転じ，2歳後半には不快情動の表出を伴わない言葉による自己主張が増加する」という2歳代の発達的変化を，詳細に検討すべき重要な社会的発達として捉え，分析の対象とする。

5章 研究2：歩行開始期の仲間関係における 自己主張に対する保育者の介入－子どもの 自己主張の仕方に応じた保育者の介入に関する検討－

5.1 問題と目的

　関係的一歴史的アプローチを参照した主張的やりとりの発達過程の検討に向けた準備として，研究1では，保育所の仲間関係における自己主張の発達的変化を検討した。研究2では，保育所における自己主張の発達に貢献すると考えられる，保育者の介入についての検討を行なう。

　まず，保育者の介入の特徴を把握するため，保育者の介入のカテゴリーを作成する。その際に，介入の内容が先行研究と同様のカテゴリーに分類できるかを検討する。本研究は一つの保育所を対象とするため，この検討により，他の研究の対象となった保育所の保育者と，介入の内容がある程度共通しているのかについて確認する。

　また，作成したカテゴリーを利用して，先行研究で検討が十分になされていないと考えられる，以下の2点について分析する。

　一点目は，子どものどのような自己主張に対して，保育者がどのような介入をするのかという点である。保育者は子どものどのような行動に対しても常に同じようなパターンで介入するのではなく，自己主張の仕方に応じた対応をする可能性がある。このことは，子どもがある行動に対してある程度一貫したフィードバックを受けることを意味し，その行動がどのような意味を持つのか（望ましい行動か／望ましくない行動か等）について学習する機会となることが考えられる。二点目は，こうした子どもの自己主張の仕方に応じた

保育者の介入が，子どもの発達に伴ってどのように変化するのかという点である。子どもの発達に伴い，子どもの行動に対する保育者の評価や望ましい行動への期待が変化し，同じような行動に対しても子どもの月齢によって異なる介入をする可能性が考えられる。

　以上の分析により，保育者の介入の内容について確認した上で，保育者が子どもの自己主張の仕方や発達程度に応じたフィードバック（介入）をすることで，望ましい行動を学習する機会を提供している可能性について検討したいと考える。

5.2　方　法

　調査時期と調査対象，観察手続きおよび分析手続きの一部は3章に詳述したため，ここでは本研究独自の部分を中心に述べる。

5.2.1　分析対象と子どもの葛藤的やりとりに関する保育者の信念および介入の方針

　分析対象は東京都内1公立保育所1歳児クラスの男児4名，女児6名の計10名，担当の保育者の女性3名（経験年数は7年，10年，20年）である。

　研究1では，個々の子どもについて発達的変化を検討しているが，本研究では，個々の子どもがどのような介入を受けたかということより，保育者がある月齢範囲の子どもたちのある行動に対してどのような介入をするのかに主眼を置いて検討する。そのため，子どもの人数を考慮した上で，誕生月が前半の5人（H群）と後半の5人（L群）にグループを分けた。各期の観察開始時における子どもの月齢の平均とレンジを，グループ別にTable 5.1に示した。

　I期終了後の8月に担当保育者それぞれに対し，葛藤的やりとりの発達的意義や，どのように介入しているか等について尋ねたところ，要約すると以

5章　研究2：歩行開始期の仲間関係における自己主張に対する保育者の介入　71

Table 5.1　グループ別各期観察開始時の子どもの月齢の平均とレンジ

	I期	II期	III期
H群（男児2名，女児3名）	23.4（22-25）	27.0（25-29）	31.2（29-33）
L群（男児2名，女児3名）	17.6（14-21）	21.0（18-24）	25.2（22-28）

下のような内容が語られた。

　「子どもは，自分で解決できないことに対して，大人がどうしてくれたのかをみている。そのことによって，葛藤解決の選択肢が広がる。トラブルの状況を把握し，子どもの気持ちを認めつつ，相手の気持ちを伝えることを繰り返すことで，子どもは相手のことが見えてくるようになる。」

　「トラブルのすべてがいけないこととは思わない。主張はしてもよい。保育者が，子どもの気持ちに共感した上で，相手の気持ちを代弁する。その上で，『こっちにあるよ』『同じものあるよ』『違うことして遊ぼうか』など，いろいろなトラブルの打開策や気持ちの持っていき方を示すようにしている。」

　「このクラスの段階は，いちばん子ども同士のトラブルが多くなる時期。それは，発達の過程として自然と出てくることであり，そこを経験して，学習して，成長していく。子どもの気持ちを汲んでわかってあげるのが大事。叩いてしまうようなことは注意するが，『貸して』と一緒に言ったり，子どもの気持ちを代弁したりする。」

　以上のように，いずれの保育者も葛藤的やりとりを肯定的に捉えており，子どもの気持ちに共感したり，解決法や解決の選択肢を示すことなどを心がけていることがうかがえた。

5.2.2　分析手続き

　分析の対象とした事例は「他児への自己主張を含む相互作用」とし，他児への働きかけが終了した時点，あるいは，葛藤に関連した保育者の働きかけ

72   第2部　歩行開始期の仲間関係における自己主張の発達的変化および保育者の介入に関する検討

が終了した時点を事例の終了とした。各時期に収集された事例数の合計は，Ⅰ期136，Ⅱ期155，Ⅲ期151であった。このうち，担当保育者が介入したエピソード数は，Ⅰ期74，Ⅱ期75，Ⅲ期89であった[1]。

　研究1では，2歳前後に不快情動の表出を伴う自己主張が減少に転じ，2歳後半には不快情動の表出を伴わない言葉による自己主張が増加する傾向があることが示された。不快情動を伴わずに言葉で自己主張することは，自他の意図調整において有効な方法の一つであると考えられ，自己主張に伴う不快情動の調整は重要な発達課題であるだろう。そこで，本研究では，自己主張に伴う情動表出の発達的変化に対して，保育者の介入がどのように影響しているのかについて示唆を得たいと考える。そのために，子どもの自己主張を主に情動表出の強さという観点から分類して，保育者の介入内容との関連を検討する。具体的には，まず，研究1のカテゴリーを，各カテゴリーから推測される情動表出の強さおよび他児や保育者に対する影響の強さという観点から，Table 5.2に示したように分類した。Table 5.2で，上の行に示されたカテゴリーほど情動表出や他者への影響が比較的強いことを想定している。なお，「ダメ」と言いながら（〈ニュートラルなトーンの発声・発話〉）相手を叩

Table 5.2　子どもの自己主張のカテゴリー

カテゴリー名	カテゴリーの内容
相手の身体への働きかけ	身体的攻撃，身体的拒否など，相手の身体への直接的な働きかけ
泣き	泣く，ぐずる
ネガティブなトーンの発声・発話	ネガティブな声のトーンの発声および発話
物の奪取・保持	物や場所を取ろうとする，取り返そうとする行動
ニュートラルなトーンの発声・発話	ニュートラルな声のトーンの発声および発話
その他の自己主張行動	上記にあてはまらない行動

[1]担当外の保育者（他クラスの担当保育者や非常勤の保育者など）が介入した場合も少数あったが，このクラスに継続的に関わっているわけではないため，分析には含めない。

く（〈相手の身体への働きかけ〉）など，2つ以上のカテゴリーに分類される行動が同時に示された場合は，より影響が強いと考えられるカテゴリー（上の行のカテゴリー）に分類した（この場合は，〈相手の身体への働きかけ〉）。

　一方，保育者については，①介入の内容，②保育者の介入が直接的にはどちらの子どもに対してなされたものか，③子どものどの行動の後になされた介入かについてコーディングを行なった。介入内容のカテゴリーは，まず，先行研究（朝生ほか，1991; 本郷ほか，1991）を参考にして作成し，保育者のすべての介入について，VTRと文字記録を見ながら分類を行なった。頻度が少なかったカテゴリーについては，類似した内容のカテゴリーと合わせて一つのカテゴリーにするなどして調整し，最終的なカテゴリーを決定した

Table 5.3　保育者の介入のカテゴリー

カテゴリー名		カテゴリーの内容（介入の例）
制止	身体的制止	身体を用いて子どもの行動を止める（身体を押さえる等）
	言葉による制止	言葉をかけて子どもの行動を止める（名前を呼ぶ，「ダメよ」等）
気持ちの受容	身体的慰撫	身体を用いて子どもを慰める（抱っこする，頭をなでる等）
	共感・受容	子どもの要求や気持ちに共感・受容する，あるいは共感的な意味で確認する（「ほしかったね」「待ってたの？」等）
	要求に応じる	子どもの要求に応じる（欲しがっていた物を与える等）
注意転換	分離・除去	当事者を物理的に遠ざけたり，葛藤の原因となった物を隠す
	代替物や他の話題の提供	葛藤の原因となった物の代用物や，他の話題を提供する（同じ種類の玩具を渡す，「こっちにもあるよ」「おやつの時間です」等）
状況の明確化	事柄の説明	その場の状況や，理由等を説明する（「〜だから〜なんだよ」等）
	相手の内的・情動状態の説明	相手の子どもの内的状態や情動状態を説明する（「○○ちゃん，痛かったよ」「○○ちゃん，泣いてるよ」等）
	状況・意図の確認	その場の状況や子どもの意図を確認したり質問したりする（「どうしたの？」「誰のだったの？」等）
葛藤調整方略の提示	相互交渉方略の提示	自分や相手の要求を代弁したり，促して言わせようとする（「ちょうだいな」「『貸して』って言ってごらん」等）
	順番・共有の提示	順番や共有で行なうことを伝える（「順番にね」「一緒にね」等）
	行動の指示・提案	相互交渉，順番・共有以外で，葛藤を解決するような行動を指示・提案する（「こっちに来なさい」「〜したら」）
その他		上記にあてはまらない介入，聞き取りが不能だった場合

74　第2部　歩行開始期の仲間関係における自己主張の発達的変化および保育者の介入に関する検討

(Table 5.3)。なお，子どもの一つの行動に対して，複数のカテゴリーに分類
される介入がなされた場合，そのそれぞれについてコーディングした。ただ
し，子どもの一つの行動に対して，同様の介入が複数回示された場合は，重
複してコーディングすることはしなかった。つまり，子どもの一つの行動に
対して示された，異なるカテゴリーに分類される介入についてコーディング
を行なった。

　保育者の介入のコーディングの信頼性を確認するため，心理学専攻の研究
者がトレーニングを受けた上で，各時期に観察された保育者が介入したエピ
ソードの20%（計48：Ⅰ期15，Ⅱ期15，Ⅲ期18）について，筆者とは別に，
VTRと文字記録を見ながらコーディングを行なった。介入の内容について，
Cohenのκ係数を算出したところ，全体で.63であり，容認できる（"accept-
able"）値（Pellegrini, Symons, & Hoch, 2004）であった。各カテゴリーで，コー
ディングが一致した割合は，平均で.87，レンジは.64〜1.00であった。また，
②どの子どもに対する行動か，③子どものどの行動の後になされた介入かに
ついて一致した割合は，それぞれ.98と.94だった。一致しなかった箇所につ
いては，VTRを見直した上で筆者が最終的に決定した。

5.3　結果と考察

5.3.1　保育者による介入の違い

　まず，3人の担当保育者の間で介入に違いがあるかどうかを検討した。全
介入数は，193，261，376と保育者によって差があったが，保育者の勤務シ
フトにより，観察時間内に保育を担当した時間が異なることもその要因の一
つとして考えられる。このため，それぞれの保育者について，「介入の各下
位カテゴリーの，全介入数に対する割合」を算出し，比較することとした。
まず，介入の各下位カテゴリーに対し，最も大きな割合の値を示した保育者
と最も小さな値を示した保育者について，その値の差を算出したところ，平

均は.03，レンジは0-.06でそれほど大きな差はなかった。また，それぞれの保育者において，14個の下位カテゴリーに対し，割合の値が1番大きいカテゴリーから14番目に大きいカテゴリーまで順位をつけて，保育者間で比較したところ，各下位カテゴリーの順位の差は，平均で2.46，レンジは0-5であり，概ね類似した傾向がみられた。最も順位の差が大きかったのは，【順番・共有の提案】であった。1人の保育者においては，このカテゴリーの割合の値が8番目に大きく，あとの2人においては13番目であった。

　以上ように，保育者間の介入には類似した傾向がみられたことから，これ以降の分析では，3人すべての保育者の介入をまとめて分析することにする。

5.3.2　子どもの自己主張と保育者の介入との関連

　分析の手順　まず，保育者の個々の介入が，どの子どものどの行動に対するものかを特定した。具体的には，保育者の個々の介入について，介入を受けた方の子どもが示した行動のうち，その介入の直前の行動を特定した。ただし，例えば，一方の子どもが他方の子どもを叩き，保育者が叩かれた方の子どもを慰めるなど，自己主張の相手に対してなされた介入は本分析からは除外した。また，一方の子どもが保育者に行動を止められて泣きだし，泣いた子どものみとのやりとりが継続するような場合も，子ども間の葛藤的やりとりそのものに対する介入とはやや異質であると判断し，分析から除外した。次に，子どものどのような自己主張に対し，どのような保育者の介入がなされたかについて，グループ別・観察時期別に，頻度と介入合計数に対する各介入の割合を Table 5.4にまとめた。なお，本分析では，それぞれの介入に対し，直前の子どもの行動が最も大きく影響しているものと想定してその関連を検討するが，実際には，一方の子どもの介入直前の行動だけでなく，双方の子どもの一連のやりとりのすべてが保育者の介入に影響を与えていると考えられる。この点に関しては，本研究で検討できる範囲を超えているため，今後の課題とする。

76　第2部　歩行開始期の仲間関係における自己主張の発達的変化および保育者の介入に関する検討

Table 5.4　子どもの自己主張に対する保育者の介入

子どもの自己主張	群	期	主張数	制止	気持ちの受容	注意転換	状況の明確化	方略の提示	その他	計
						保育者の介入				
自己主張全体	全体		406	236(.36)	98(.15)	99(.15)	124(.19)	86(.13)	6(.01)	649
相手の身体への働きかけ	L	I	11	13(.65)	0(.00)	4(.20)	3(.15)	0(.00)	0(.00)	20
		II	32	34(.56)	8(.13)	10(.16)	6(.10)	3(.05)	0(.00)	61
		III	37	42(.65)	3(.05)	6(.09)	11(.17)	2(.03)	1(.02)	65
	H	I	32	36(.59)	2(.03)	12(.20)	8(.13)	3(.05)	0(.00)	61
		II	11	8(.53)	0(.00)	1(.07)	4(.27)	2(.13)	0(.00)	15
		III	12	14(.70)	0(.00)	2(.10)	1(.05)	3(.15)	0(.00)	20
泣き	L	I	2	1(.20)	2(.40)	1(.20)	1(.20)	0(.00)	0(.00)	5
		II	6	0(.00)	5(.56)	1(.11)	2(.22)	1(.11)	0(.00)	9
		III	3	0(.00)	3(.60)	1(.20)	0(.00)	0(.00)	1(.20)	5
	H	I	5	0(.00)	4(.67)	1(.17)	0(.00)	0(.00)	1(.17)	6
		II	2	0(.00)	2(.67)	0(.00)	0(.00)	1(.33)	0(.00)	3
		III	7	2(.12)	5(.29)	1(.06)	6(.35)	3(.18)	0(.00)	17
ネガティブなトーンの発声・発話	L	I	3	1(.20)	1(.20)	2(.40)	1(.20)	0(.00)	0(.00)	5
		II	12	6(.35)	3(.18)	4(.24)	2(.12)	2(.12)	0(.00)	17
		III	12	1(.07)	8(.57)	3(.21)	1(.07)	1(.07)	0(.00)	14
	H	I	19	6(.21)	7(.25)	3(.11)	6(.21)	4(.14)	2(.07)	28
		II	13	3(.17)	6(.33)	1(.06)	5(.28)	3(.17)	0(.00)	18
		III	20	4(.14)	7(.25)	4(.14)	6(.21)	7(.25)	0(.00)	28
物の奪取・保持	L	I	10	6(.33)	1(.06)	4(.22)	6(.33)	1(.06)	0(.00)	18
		II	20	12(.32)	5(.13)	8(.21)	6(.16)	7(.18)	0(.00)	38
		III	11	13(.65)	1(.05)	1(.05)	3(.15)	2(.10)	0(.00)	20
	H	I	8	6(.40)	1(.07)	3(.20)	3(.20)	2(.13)	0(.00)	15
		II	6	3(.25)	3(.25)	0(.00)	2(.17)	4(.33)	0(.00)	12
		III	15	9(.35)	1(.04)	2(.08)	7(.27)	7(.27)	0(.00)	26
ニュートラルなトーンの発声・発話	L	I	3	0(.00)	2(.40)	0(.00)	0(.00)	3(.60)	0(.00)	5
		II	6	0(.00)	1(.11)	2(.22)	1(.11)	5(.56)	0(.00)	9
		III	5	1(.13)	4(.50)	1(.13)	2(.25)	0(.00)	0(.00)	8
	H	I	5	1(.13)	0(.00)	2(.25)	2(.25)	3(.38)	0(.00)	8
		II	26	1(.03)	5(.17)	6(.20)	10(.33)	8(.27)	0(.00)	30
		III	30	4(.11)	7(.20)	6(.17)	11(.31)	7(.20)	0(.00)	35
その他の行動	L	I	3	0(.00)	0(.00)	2(.50)	1(.25)	1(.25)	0(.00)	4
		II	4	1(.25)	0(.00)	1(.25)	2(.50)	0(.00)	0(.00)	4
		III	0	—	—	—	—	—	0(.00)	0
	H	I	1	0(.00)	1(.50)	0(.00)	0(.00)	1(.50)	0(.00)	2
		II	5	4(.57)	0(.00)	2(.29)	1(.14)	0(.00)	0(.00)	7
		III	9	4(.36)	0(.00)	2(.18)	4(.36)	0(.00)	1(.09)	11

注．一つの子どもの行動に対し，保育者により複数の介入がなされている場合がある。
　（　）内は，保育者の介入の合計数に対する，各介入の割合。頻度が3以上かつ割合が.25以上の場合を太字で示した。

子どもの自己主張に対する保育者の介入　子どもの〈相手の身体への働きかけ〉（身体的攻撃や身体的拒否等）に対しては，保育者による【制止】（身体的な制止と言葉による制止）の割合が，いずれの群，いずれの期においても高く，介入の半数以上を占めた[2]。〈相手の身体への働きかけ〉は，エスカレートすると危険を伴い，特に身体的攻撃は道徳的にも反する行動であるため，まずは制止する必要があるのであろう。ただし，L群Ⅱ期・Ⅲ期，H群Ⅰ期では【注意転換】や【状況の明確化】等の介入も，その頻度をみると少なくはなく，また，H群Ⅱ期でも【状況の明確化】の割合が.25を超えていた。例えば，事例5.1[3]のように，子どもの行動を制止した後に（下線(a)(b)），その場の状況や理由を説明する（下線(c)），子ども同士を離す（下線(d)）場合などがみられた。

　　事例5.1（Ⅰ期）：E（H群女児）がある物を覗き込んでいるところへ，B（H群男児）が自分も覗こうとして近づく。Aはそれを拒否し，押し合いになる。Bは，「だめ，だめ，だめ！」と金切り声でいって，Aの手を振り払おうとする。

　　　　保育者の介入：Bを押さえる(a)【制止（身体的な制止）】

　　　　　　　　　　　Bに対して「押したらだめ」(b)【制止（言葉による制止）】

　　　　　　　　　　　Bに対して「押したら危ないからね」(c)【状況の明確化（事柄の説明）】

　　　　　　　　　　　BをAから離れさせる(d)【注意転換（分離・除去）】

　子どもの〈泣き〉に対する介入に対しては，【気持ちの受容】の割合が比較的高かった。保育者は，泣きを収めるため，抱っこする，共感するといった対応すると考えられる。ただし，H群のⅢ期では，やや他の群・期とは異

2）以下，〈　〉内に記されたカテゴリーは子どもの自己主張を，【　】内に記されたカテゴリーは保育者の介入を示す。

3）事例において，子どもを示すアルファベットは，Table 3.2（3章）の子どものIDと対応している。以下の事例でも同様。

なり，【気持ちの受容】の割合がやや低く，【状況の明確化】の割合が高い傾向があった。H群Ⅲ期は2歳後半にあたる。2歳後半には，事例5.2にみられるように，保育者は，慰めて子どもの気持ちを収めるだけでなく，言葉で状況を確認したり説明する（下線(e)）など，言葉によって子どもが納得し，自分で気持ちを収めることを期待して働きかける場合もあることが示唆される。

　事例5.2（Ⅲ期）：電話のおもちゃの取り合いがエスカレートし，E（H群女児）をF（L群女児）がつかもうとして，Eが泣きだしてしまう。

　　保育者の介入：Eに対して，「Fちゃんは，Eちゃんが『電話ほしいほしい』って言うからびっくりしちゃったんだって。」(e)【状況の明確化（相手の内的・情動状態の説明）】

　子どもの〈ネガティブなトーンの発声・発話〉に対しては，L群のⅢ期，H群のⅠ～Ⅲ期で，保育者の【気持ちの受容】が介入のうちの.25以上の割合でみられた。L群Ⅰ期では，保育者の介入を受けた〈ネガティブなトーンの発声・発話〉の頻度が3と少なかった。また，L群Ⅱ期では，【制止】の割合が.35と比較的高かった。これは，〈ネガティブなトーンの発声・発話〉（主に最年少の男児Jによる）が，物の取り合いや押し合いが継続している場面で発せられ，保育者が制止する必要がある場合が多かったためである。H群Ⅱ期では【状況の明確化】，Ⅲ期では【方略の提示】も.25以上の割合を示した。こうした傾向は，〈泣き〉で示された傾向と類似しており，保育者は，子どもの月齢が上がるにつれ，状況の理解やスキルフルな自己主張をすることを求めるようになることが示唆される。

　子どもの〈物の奪取・保持〉に対しては，いずれの群・期においても，【制止】の割合が.25以上の値を示していた。また，L群のⅠ期では【状況の明確化】，H群のⅡ期では【方略の提示】，Ⅲ期には，【状況の明確化】と【方略の提示】の割合が.25を超えていた。一方，L群のⅢ期，次いでH群のⅠ期では，【制止】の割合が高く，その他の介入はそれほど高い値ではなか

った。L群のⅢ期，H群のⅠ期は2歳前後の時期にあたる。この時期には，情動がエスカレートしやすい。事例5.3にみられるように，物の取り合いが攻撃的なやりとりに発展しそうになる場合（下線(f)）もあり，制止する必要性が高いのかもしれない。なお，H群のⅡ期に【気持ちの受容】が.25の割合（頻度は3）であったが，これは，相手が玩具を貸してくれるのを，忍耐強く待っているという場面であったためである。

　事例5.3（Ⅲ期）：Ｉ（L群女児）が，Ｊ（L群男児）が読んでいる絵本をとろう
　　　とする。Ｊは，「だめ，だめ，だめ」といってＩの手をどかそうとする(f)。

　　　保育者の介入：Ｅの手を押さえる【制止（身体的制止）】

　子どもの〈ニュートラルなトーンの発声・発話〉に対しては，L群Ⅰ・Ⅱ期，H群Ⅰ・Ⅱ期で，【方略の提示】が介入のうちの.25以上の割合を示していた。情動的に緊迫した状況ではないため，保育者は，よりスキルフルな行動や交渉の方略を提示しやすいのかもしれない。ただし，L群Ⅲ期では，【方略の提示】は0であり，【気持ちの受容】の割合が高かった。子どもの発声・発話がいずれも，相手の攻撃等への抗議であったため，気持ちを受容する介入がなされたようであった。また，H群のⅡ期では，【状況の明確化】と【方略の提示】がいずれも3割程度みられたのに対し，H群Ⅲ期では，【方略の提示】の割合はそれほど高くはなく，【気持ちの受容】と共に2割程度だった。2歳を過ぎると，子どもに状況の理解やスキルフルなやりとりを求めるようになるというのは，他の子どもの行動への介入と同様である。ただし，2歳後半には，事例5.4のように，子どもが自分でよりスキルフルな自己主張をすることが可能になり（下線(g)），保育者がその主張を受け止めて，主張を繰り返して言ったり，分かりやすく言い換えたりする場合（下線(h)）もみられた。

　事例5.4（Ⅲ期）：Ｂ（H群男児）が，他の子どもが使っているパズルの順番を待
　　　っているところへ，Ｄ（H群女児）が近づいてくる。Ｂは，Ｄに対して，
　　　「Ｂ（自分）のばんじゅーん（順番と言おうとした）」と言う(g)。

保育者の介入：Bに対し「Bちゃん，待ってるのね」[h]**【気持ちの受容（共感・受容）】**

　子どもの〈その他の行動〉に対しては，H群Ⅱ・Ⅲ期で【制止】，Ⅲ期では加えて【状況の明確化】の割合が比較的高かった。〈その他の行動〉には，発話を伴わないさまざまな行動が含まれる。例えば，相手の持っている物を指さす，葛藤の場面から逃げようとするなどである。子どもが2歳後半になると，保育者は，言葉でやりとりすることを期待するため，こうした行動を制止したり，意図や状況を説明しようとするのかもしれない。

5.3.3　結果のまとめ

　保育者の介入のカテゴリー　保育者の介入のカテゴリーを先行研究を参考にして作成したところ，先行研究とほぼ共通のカテゴリーによって分類することが可能であった。本研究で対象とした保育所の保育者の介入の内容は，先行研究が対象とした保育所の保育者とある程度共通していることが確認された。

　子どもの自己主張と保育者の介入との関連　まず，〈相手の身体への働きかけ〉と〈物の奪取・保持〉への介入においては【制止】の割合が高いことが示された。特に，1～2歳の時期には，自分で行動を抑えることが難しい場合も多く，エスカレートすると危険を伴う行動や，社会的ルールに反する行動に対しては，まず制止することが必要なのであろう。子どもは，繰り返し制止を受けることで，これらの行動が望ましくないことを学習することが考えられる。

　また，〈泣き〉と〈ネガティブなトーンの発声・発話〉に対しては【気持ちの受容】の割合が比較的高かった。泣きや声のトーンによってネガティブな情動が表出された場合，保育者は子どもを慰めたり共感したりすることで，子どもの気持ちを受け止め，収めようとすると考えられる。Thompson & Goodvin（2007）は，ストレスフルな状況において，養育者が子どもに対し

5章　研究2：歩行開始期の仲間関係における自己主張に対する保育者の介入　81

て援助的に関わる場合，子どもは，情動を自分でコントロールするためのスキルを獲得したり，大人は助けてくれる存在であるという期待や，自分の気持ちを上手に扱うことができるという信念を発達させる可能性があることを指摘している。保育所という文脈においても，保育者が子どもの気持ちを受容する対応をすることで，こうした側面の発達が促される可能性が考えられる。

　さらに，〈ニュートラルなトーンの発声・発話〉に対しては【方略の提示】の割合が比較的高いことが示された。情動がエスカレートしている状況では，子どもを制止したり，気持ちを受容することが先決であるが，子どもが落ち着いている場合には，子どもが自分で交渉したり，葛藤を解決したりできるように，葛藤調整のための方略を提示する場合も比較的多いと考えられる。子どもにとっても，情動が落ち着いている場合には，葛藤解決のための方略を受け入れやすく，それを学習できる可能性が高くなることが考えられる。

　一方で，子どもの自己主張と保育者の介入との関連には，子どもの月齢による違いもみられた。すなわち，〈相手の身体への働きかけ〉以外の子どもの自己主張に対して，【状況の明確化】や【方略の提示】の割合が，H群Ⅱ期やⅢ期（2歳後半にあたる）においては比較的高い傾向があった。子どもの発達に伴い，情動制御の主体は，養育者から子どもへと移行すること，すなわち，子ども自身による情動制御が増加することが指摘されている（Thompson & Goodvin, 2007）。子どものコミュニケーション能力や情動の自己制御能力が発達してくるにつれて，保育者は，子ども自身が状況を理解し，自分で気持ちを収めることや，スキルフルなやりとりをすることを期待して働きかける場合の割合が増えると考えられる。そして，こうした介入が，子どもが自分で情動を制御し，葛藤を解決する能力の更なる発達に貢献する可能性が推測される。

5.3.4 本研究の限界と今後の研究に向けての課題

　以上のように，保育者は，子どもの行動や情動状態，さらに，子どもの発達状況に応じた介入をすることが示された。これは，先行研究ではあまり検討されていない点であり，本研究の意義といえる。しかし，本研究は，保育所の1クラスの子ども10名，担任保育者3名を対象としたものであり，一般化可能性に限界がある。保育者の対応には，カテゴリーには反映されない個々の保育者の信念やその保育所全体の方針等が影響している可能性もある。今後，対象とする保育所や保育者の数を増やして検討する必要があると考えられる。

　また，本研究では，子どもの自己主張行動に対する保育者の介入が，子どもに行動の意味や効果的な葛藤解決方略を学習する機会を提供することで，子どもの自己主張の発達に貢献している可能性が示唆された。しかし，実際にこうした介入が，その後の自己主張の発達にどのように関連しているのかについては明らかになっていない。研究4で関係的─歴史的アプローチを参照しながら主張的やりとりの発達過程を質的に分析する際に，この点についても検討を加えたいと考える。

第 3 部

歩行開始期の仲間関係における
主張的やりとりの発達過程の検討

6章 研究3：歩行開始期の仲間関係における主張的やりとりの発達過程—発達過程の共通性に着目した検討—

6.1 問題と目的

　第二部（研究1および研究2）では，関係的—歴史的アプローチへの準備として，自己主張の発達的変化と保育者の介入に関する検討を行なった。第三部（研究3および研究4）では，関係的—歴史的アプローチを参照しながら，歩行開始期の子どもが他児との間で経験する「やりとり」に着目し，やりとりにおいて自己主張が発達する過程を検討する。

　関係的—歴史的アプローチでは，(1)やりとりのパターンを分類してその発達的変化を量的に分析し，ケース間の共通性を把握する方法と，(2)個々のケースについて発達的変化を質的に分析し，発達過程をより精緻に描き出す方法を組み合わせることを提案している。研究3では，主に(1)の分析を行ない，それぞれの子どもが他児との間で経験する主張的やりとりの発達過程について，子ども間で共通している点を探る。2章で提示した課題に関しては，特に課題2「発達的変化の過程の検討」と課題3「子ども同士のやりとりの検討」を行なう。以下に，それぞれの課題について改めて簡潔に述べた上で，本研究で行なう分析を詳しく説明する。

　発達的変化の過程の検討　2章で述べたように，先行研究において，横断研究の場合は半年〜1年という比較的間隔の開いた異月齢群の差異を検討した研究が多い。また，縦断研究の場合でも，数ヵ月の間隔で観察を行なっている。こうした研究では，ある行動の数ヵ月後の変化をみることはできるが，

"そうした変化がどのようにして生じたのか"という変化の過程を推測することは難しいと考えられる。もちろん，研究者や研究協力者が研究にかけることのできる労力との兼ね合いもあるが，できる範囲で観察頻度を増やし，異なる時点の観察事例を詳細に比較検討することで，発達の"過程"をより精緻に明らかにしようとする努力が必要ではないかと考える。

子ども同士のやりとりの検討　2章で指摘したように，多くの先行研究においては，相手の行動とは切り離された自己主張行動が，発達に伴ってどのように増減するかが検討されてきた。しかし，自己主張は他児とのやりとりにおいてなされるものであり，相手の子どもの影響と切り離すことはできない。自己主張を含むやりとりは互いに影響を与え合いながら展開し，そのやりとりの経験が後のやりとりにも影響を与える可能性が考えられる。

近年，親に対する子どもの自己主張や反抗の発達に関する研究や，3歳以上の子どもの仲間関係に関する研究では，やりとりの発達過程が分析されている。歩行開始期の仲間関係における自己主張の発達に関しても，その様相をより精緻に明らかにするためには，子ども同士の"やりとり"の発達過程に焦点を当てた分析を行なう必要があると考える。特に，保育所では，子ども同士が継続的な関係性を持ち，互いに影響し合いながら育ちあっていくと考えられ，そうしたやりとりを通じた発達の過程を丁寧に記述・分析することは，発達の理解に資するだけでなく，実践的にも意義のあることだと思われる。

本研究における分析　関係的―歴史的アプローチでは，個人間のやりとりや関係性に焦点を当て，発達的移行期に頻回の観察を行なうことで発達過程を分析しようとする。以下に，本研究の分析における(1)発達的移行の時期と内容，(2)観察の頻度，(3)分析の具体的内容について説明する。

（1）発達的移行の時期と内容　分析の対象とする発達的移行の時期と内容については，研究1で検討したように主に2歳代の発達的変化とする。具体的には「2歳前後に不快情動の表出を伴う自己主張が減少に転じ，2歳後

半には不快情動の表出を伴わない言葉による自己主張が増加する」というものである。こうした2歳代の変化を分析するため，年度の前半に2歳の誕生日を迎えた5名を分析の対象とする。後述するが，対象としたクラスでは，1年を通じて突出してやりとりが多いペアはみられなかった（Table 6.1）。各児が，クラス内のさまざまな子どもとの関わりの中で主張的やりとりを経験しながら，そのスキルを発達させているように見受けられた。そこで，特定の子ども同士の二者関係ではなく，各児が他児とやりとりした事例をすべて分析の対象とする。そのアプローチは，3章のFigure 3.2にも示した通りである。

（2）観察の頻度　観察の頻度に関しては，3章の観察の手続きの部分で述べたように，5月～3月までの間に1～2週に1回程度である。しかし，それぞれの子どもについて毎回観察を行なったわけではなく，毎回焦点児を定め，それぞれの子どもについて各時期に4回ずつ（1回10分×4日分で計40分）の観察を行なった。観察された日の間隔や回数は子どもによって異なっており，観察頻度が十分でない場合がある可能性もあるが，多くの子どもについては各時期に4回以上の観察がなされており，従来の研究よりは頻回の観察データを検討することができると考える。

Table 6.1　各児の事例数および相手となった割合が高かった上位2番目までの子ども

	A	B	C	D	E
Ⅰ期	22(.29) E(.27), B(.23)	23(.30) E(.35), A(.17)	13(.17) E(.23), I(.23)	17(.22) B(.18), E(.18), F(.18)	31(.41) B(.26), A(.19)
Ⅱ期	11(.22) B(.45), D(.18)	17(.34) D(.35), A(.29)	13(.26) E(.31), J(.31)	19(.38) B(.32), J(.16)	12(.24) B(.33), F(.17), J(.17)
Ⅲ期	16(.26) E(.56), D(.19)	19(.31) E(.74), J(.11)	2(.03) A(.50), F(.50)	22(.36) E(.36), F(.18), J(.18)	38(.62) B(.37), D(.21)

注．各期上段は各児の事例数。（　）内の数値は，各児の事例数が，各時期の分析対象となった事例数合計（Ⅰ期76，Ⅱ期50，Ⅲ期61）に占める割合。
　　各期下段は相手となった割合が高かった上位2番目までの子ども。（　）内の数値はその子どもが相手となった事例数が，各児の事例数に占める割合。誕生月が前半の5名を太字で示した。

（3）分析の具体的内容　主張的やりとりの発達過程に関し，以下の二点について分析を行なう。

分析1：主張的やりとりのパターンの分類と各パターンの発達的軌跡　一点目は，2歳代において，主張的やりとりにどのようなパターンがみられ，それぞれのパターンはどのような発達的軌跡をたどるのかという点である。やりとりの発達過程を検討するにあたり，関係的─歴史的アプローチでは，まず，やりとりのパターンを分類する（フレーム分析）。主張的やりとりの発達に関しては，先述した研究1の知見から，2歳代には，攻撃等の身体的行動や不快情動を表出し合うやりとりのパターンが減少し，言葉でのやりとりが成立するようになることが推測できる。ただし，Fogel et al. (2006) は，古いパターンから新しいパターンへの変化は突如として起こるのではなく，新しいパターンへの移行期に，新旧両方の特徴を併せ持ち，「橋渡し」の役割を果たすパターンが増加することを示している。そこで，本研究でも，移行的なやりとりの存在を考慮してパターンを分類し，各パターンの発達的軌跡を子どもごとに量的に分析する。それにより，まずは，主張的やりとりの組織化のあり方とその発達的変化を把握したいと考える。

分析2：主張的やりとりの展開過程の発達的変化　二点目は，子ども同士の主張的やりとりの過程が，より具体的にはどのように変化して，新しいパターンが出現したり増加したりするのかという点である。関係的─歴史的アプローチでは，やりとりをダイナミックなシステムとして捉える。ダイナミック・システムには変動性が本来的に備わっており，パターンとしては類似していても，やりとりの過程はその時々で全く同じではない (Fogel et al., 2006)。本研究の場合，例えば，何をめぐるやりとりか，どのような自己主張方略が用いられるか等は毎回違うと考えられる。しかし，あるパターンのやりとりが優勢な時期には，やや質的に異なる自己主張方略が示されたとしても，そのパターン自体は変化しないかもしれない。発達的変化が可能になるためには，やりとりの参加者に新しい変化として認識されるような以前と

の違い（「違いを生む違い」）が生じることが必要であり，それが発達の源となる（Fogel et al., 2006）。先行研究では，子ども個人の認知・言語的，社会情動的スキルの発達や大人による社会化が自己主張の発達に貢献することが指摘されている。しかし，こうした要因が子ども同士のやりとりの過程に変化を生じさせ，そのやりとりの経験がその後の発達を導く役割を果たす可能性についてはほとんど検討されていない。例外として Eckerman & Didow (1996) は，非言語的な模倣をし合うやりとりの経験が，協調行動を達成するための言語的な手段の使用と発達を促す可能性を指摘している。ただし，この研究は，模倣と協調行動の発達に焦点を当て，実験室場面での子ども同士のやりとりを観察したものである。本研究では，保育所での葛藤を含む状況における自己主張の発達に焦点を当て，発達的移行期の主張的やりとりの過程に，その後の発達を促す可能性のあるどのような変化が生じるのかを検討したいと考える。なお，この点に関しては，より考察を深めるため，分析対象とした子どもの多くに共通する経験が含まれる具体的事例についても分析する。

6.2 分析対象

　調査時期と調査対象，観察手続きおよび分析手続きの一部は3章に詳述した。

　本研究では，東京都内1公立保育所1歳児クラスの男児4名，女児6名の計10名のうち，誕生月が前半の5名を分析の対象とした（男児2名，女児3名）。対象としたクラスの担当の保育者は女性3名（経験年数は7年，10年，20年）であった。対象児の性別および誕生月と各期観察時における月齢のレンジは，3章の Table 3.2を参照のこと。

　本研究では，収集された「他児への自己主張を含む相互作用」の全事例（Ⅰ期136，Ⅱ期155，Ⅲ期151）のうち，ペアの一方，あるいは両方の子どもが

90　第3部　歩行開始期の仲間関係における主張的やりとりの発達過程の検討

分析対象児A～Eであり，自己主張によるターン（「X児→Y児→X児」）が，保育者の介入のない状態（保育者が介入する前や，保育者が介入しなかった場合）で成立している場合を分析の対象とした。分析の対象となった事例数の合計は，Ⅰ期76，Ⅱ期50，Ⅲ期61だった。

6.3　各分析の方法および結果と考察

各分析について，詳しい分析方法を説明した上で，分析の結果と考察を述べる。

6.3.1　予備的分析

まず，それぞれの子どもが関わった全事例のうち，本研究が分析対象とする自己主張のターンが成立した事例数の割合の平均（括弧内はレンジ）を算出したところ，Ⅰ期.69(.61-.76)，Ⅱ期.53(.36-.65)，Ⅲ期.58(.39-76)であった。自己主張のターンが不成立の場合とは，一方は自己主張をせず，相手の自己主張を無視したり，すぐに受け入れたり，保育者が直ちに介入したりする場合である。個人差があるものの，Ⅱ期とⅢ期では，自己主張のターンの成立の割合がやや減少していた。他者の意図理解や情動調整が発達し，一方の自己主張を，他方がすぐに受け入れたりする場合も多くなるのかもしれない[1]。

次に，各児の各時期の事例数と，それが各時期の分析対象となった事例数合計（Ⅰ期76，Ⅱ期50，Ⅲ期61）に占める割合，また，各児について，その子どもが関わった事例のうち他のどの子どもがどれくらいの割合で相手であったかを算出し，相手となった割合が高かった上位2番目までの子どもをTable 6.1に示した。事例数は，Ⅲ期にはEが多いものの，A，B，Dも少

---

[1] 自己主張のターンが成立しなかった場合の発達的変化も興味深いが，この点についての詳細な検討は今後の課題とする。

なくはなかった。Ⅲ期のCの事例数は2と非常に少なかったが，これは，Ⅲ期にCが保育者に甘えることが多くなり，他児との関わりが減少したためだと思われる。事例の相手をみると，月齢の近いA〜Eの間でのやりとりが比較的活発であった。ただし，特定のペアの事例の割合のみが3期を通じて突出して高いということはなかった。以下の量的分析では，各児が関わった事例を相手にかかわらずまとめて分析する。

6.3.2 分析1：主張的やりとりのパターンの分類と各パターンの発達的軌跡

　分析1では，研究1で行なった自己主張の内容および声の情動的トーンのコーディングに基づいて，主張的やりとりのパターンの分類を行なった。ただし，記述が煩雑になるのを避けるため，声の情動的トーンがネガティブに分類された発話による自己主張を「不快な声調の発話」，ニュートラルに分類された発話による自己主張を「平静な声調の発話」[2]と表記する。

　まず，事例の文字記録を子どもごとに時系列に並べて繰り返し見直したところ，Ⅰ〜Ⅲ期にかけて平静な声調の発話が多くなり，Ⅲ期には平静な声調の発話のみでやりとりが成立している場合もみられるようになることが読み取れた。強い不快情動の表出を伴わない言葉による単純な拒否や交渉的発話は，不快情動や行動を制御した自己主張であり，よりスキルフルな自己主張の形態として捉えられる（Dietz, et al., 2005; Kuczynski & Kochanska, 1990）。そして，言葉で自己主張し合う際に，互いに不快情動を表出せずにやりとりすることは，意図を相互調整する上でも有効な方法の一つだと考えられる。そこで本研究では，平静な声調の発話によるやりとりの成立過程に焦点を当てることとし[3]，やりとりのパターンを以下の3つに分類した。やりとりにお

2）「平静」という訳語は，強い不快情動を伴わない比較的落ち着いた声のトーンという意味で用いた。特に静かなトーンであることを強調するものではない。

3）自己主張がスキルフルであるかどうかは，その行動によって自己主張が通ったか，意図調整が成功したかなど，行動の結果ややりとりの推移によって判断するという観点もありうる。しかし，本研究では，本文中で述べたように Dietz et al.（2005）や Kuczynski & Kochanska（1990）の

92　第3部　歩行開始期の仲間関係における主張的やりとりの発達過程の検討

いて①両方の子どもが平静な声調の発話を全く示さない場合を【平静な声調の発話を含まないやりとり】，②両方，あるいはいずれかの子どもによって，平静な声調の発話が一つ以上示され，それ以外の形態の自己主張も示される場合を【平静な声調の発話とそれ以外の自己主張を含むやりとり】，③両方の子どもが平静な声調の発話のみを示す場合を【平静な声調の発話のみによるやりとり】とした。

　研究1で述べたように，個々の自己主張方略と発声・発話の声の情動的トーンについては，既に分類の一致率を算出している。やりとりのパターンの分類は，事例ごとに，これらの自己主張方略と声の情動的トーンの分類が記入された文字記録を見て，上記の定義に従い機械的に行なった[4]。事例ごとに分類を行なったのは，事例の開始から終了までがやりとりのひとまとまりであり，途中で区切ることが困難だったためである。それぞれの子どもの各時期の事例数に占める各パターンの割合を算出し，パターンごとにⅠ〜Ⅲ期の変化を Figure 6.1に示した。それぞれの子どもが他児とどのようなやりとりのパターンを経験したのかを検討するため，AとBのやりとりなど対象児同士のやりとりはペアの両方にカウントした。そのため，A〜Eの間でのやりとりが多かったことが，各パターンの発達的軌跡が子ども間で類似していることにある程度は影響していると考えられる。

　Figure 6.1から，やりとりのパターンの発達的傾向として以下の点が読み取れる[5]。まず，【平静な声調の発話を含まないやりとり】は，Ⅰ期で5割前後と比較的高い割合であったが，Ⅱ〜Ⅲ期には約3割以下に減少した。平静な声調の発話以外の自己主張とは，物の奪取・保持，身体への働きかけ，距離化，発声，不快な声調の発話等である。Ⅰ期には特に，互いに相手の物

　観点を参考にし，また，言葉で自己主張し合うやりとりが生じる過程を明らかにするという本論文の目的も考慮し，平静な声調の発話に着目することにする。
[4]これ以降の分類も，既に一致率を算出した，自己主張方略および発声・発話の声の情動的トーンの分類に基づき，カテゴリーの定義に従って機械的に行なった。
[5]Cは，Ⅲ期の事例が2つのみだったため，Ⅲ期の値が他児と大きく異なっていた。

6章 研究3：歩行開始期の仲間関係における主張的やりとりの発達過程　93

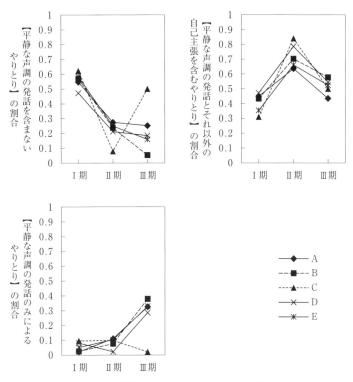

注．各期における各児の事例数に占める各パターンの割合を算出した。

Figure 6.1　主張的やりとりの各パターンの発達的軌跡

を取る，攻撃する，金切り声で主張するなど，比較的激しい葛藤を含むやりとりが生じていた。次に，【平静な声調の発話とそれ以外の自己主張を含むやりとり】は，Ⅱ期に6割以上の高い割合に増加した後，Ⅲ期にはやや減少した。これは，例えば，玩具を取り合いながら平静な声調で「だめ」というような場合を含むやりとりである。こうしたパターンが，Ⅲ期で平静な声調の発話のみでのやりとりが増加してくる以前のⅡ期に多く，新旧両方の特徴を併せ持つパターンが移行期にピークを迎えるという Fogel et al. (2006) の知見と類似した結果だといえるかもしれない。一方，【平静な声調の発話の

みによるやりとり】は，Ⅰ期とⅡ期では1割未満であったが，Ⅲ期には3割程度に増加した。

　以上の分析では，やりとりのパターンを大まかに分類してその発達的傾向を把握したものの，Ⅰ～Ⅲ期にかけてやりとりの展開過程がどのように変化して，平静な声調の発話のみでのやりとりの成立につながっていくのかを検討できていない。そこで，分析2では，特に移行期に特徴的にみられた【平静な声調の発話とそれ以外の自己主張を含むやりとり】について，その展開過程の発達的変化を詳しく検討する。

6.3.3　分析2：主張的やりとりの展開過程の発達的変化

　やりとりの展開過程を量的に分析するための一つの方法は，「X児のある行動→Y児のある行動」といった行動の連鎖の移行確率を算出する方法である（Bakeman & Gottman, 1997）。しかし，多くのやりとりは連続的な相互調整を含み，送り手と受け手に役割を分割することは困難である（Fogel, 1993）。本研究でも，2人の行動がほぼ同時に示されるなど，行動の順番を明確に特定できない場合があった。そこで，以下の手順で分析を行なった。

　まず，【平静な声調の発話とそれ以外の自己主張を含むやりとり】について，当該児が，相手の行動にかかわらず，ある一つの事例中に示したすべての自己主張行動（一つの場合もある）を「一連の自己主張行動」とした。いくつかの事例では，例えば，ある子どもが相手の物を取る，攻撃する，不快な声調で自己主張するなど平静な声調の発話以外の行動を示した後で，その子どもが行動を切り替えて平静な声調の発話を示す場合があった。また，相手が自分の物を取る，攻撃する，不快な声調で自己主張するなどしても，自分は平静な声調の発話のみを示す場合もみられた。こうした場合は，行動や情動の調整を示唆しており，発達的に重要な意味を持つと思われた。そのため，こうした場合の有無によって，一連の自己主張行動を〈平静な声調の発話への調整あり〉と〈平静な声調の発話への調整なし〉に分類した[6]。詳しい定

6章 研究3：歩行開始期の仲間関係における主張的やりとりの発達過程　95

義は Table 6.2, 分類の具体例は Table 6.4の事例を参照のこと。

　当該児と相手の子どもの平静な声調の発話への調整の有無の組み合わせに
ついて，各組み合わせの事例数（各事例はいずれかの組み合わせに分類される）
と，それが各期の【平静な声調の発話とそれ以外の自己主張を含むやりと
り】の合計数に占める割合を算出し Table 6.3にした。各期の傾向を反映し，
前の時期との違いがあらわれている特徴的な事例を Table 6.4に示した。事
例は，A～Eのうちのできるだけ多くの子どもに類似した経験がみられるも
のを選定した。

　Ⅰ期におけるやりとりの展開過程　Table 6.3から，Ⅰ期ではA～Eのい
ずれの子どもでも，当該児も相手も〈平静な声調の発話への調整なし〉の場
合の割合が約7～9割と高かった。Ⅰ期には，初めに平静な声調の発話が示
されても，その後に平静な声調の発話以外の自己主張へと展開する場合が多
かった。

　典型的なパターンとしては，事例6.1（Table 6.4）のように，自己主張に
対して相手が行動を変化させないことに不快を強めたり（下線(a)），事例6.2
のように，相手の拒否的な言葉（「だめ」「やめて」等）に対して不快を強めた
りして（下線(b)），不快な声調の発話や攻撃等へと行動がエスカレートする場
合がみられた。2歳児は，他児から否定の言葉が向けられたことに悲しみや

Table 6.2　一連の自己主張行動の分類

一連の自己主張行動	内容　（①か②のいずれかの場合）
平静な声調の発話へ の調整あり	一連の自己主張において，①平静な声調の発話のみが示されるか， ②平静な声調の発話以外の自己主張が示された後に，平静な声調 の発話のみの働きかけが示される場合を含む。
平静な声調の発話へ の調整なし	一連の自己主張において，①平静な声調の発話が示されないか， ②平静な声調の発話以外の自己主張が示された後に，平静な声 調の発話のみの働きかけが示される場合を含まない。

6）この分類は事例ごとに行なった。ある事例中に，一人の子どもについて両方のカテゴリーの分類
　が含まれる場合はない。

96 第3部 歩行開始期の仲間関係における主張的やりとりの発達過程の検討

Table 6.3 平静な声調の発話への調整の有無の組み合わせ

当該児	相手		A	B	C	D	E
〈Ⅰ期〉	Ⅰ期 合計		10	10	4	8	12
調整なし	調整なし		**9(.90)**	**7(.70)**	**3(.75)**	**7(.88)**	**8(.67)**
	調整あり		1(.10)	1(.10)	0(.00)	1(.13)	1(.08)
調整あり	調整なし		0(.00)	2(.20)	1(.25)	0(.00)	**3(.25)**
	調整あり		0(.00)	0(.00)	0(.00)	0(.00)	0(.00)
〈Ⅱ期〉	Ⅱ期 合計		7	12	11	15	8
調整なし	調整なし		**3(.43)**	**4(.33)**	**4(.36)**	**6(.40)**	**4(.50)**
	調整あり		**3(.43)**	**3(.25)**	**3(.27)**	0(.00)	1(.13)
調整あり	調整なし		1(.14)	1(.08)	**4(.36)**	**5(.33)**	2(.25)
	調整あり		0(.00)	**4(.33)**	0(.00)	**4(.27)**	1(.13)
〈Ⅲ期〉	Ⅲ期 合計		7	11	1	12	20
調整なし	調整なし		**4(.57)**	**4(.36)**	1(1.00)	**6(.50)**	**8(.40)**
	調整あり		1(.14)	2(.18)	0(.00)	2(.17)	4(.20)
調整あり	調整なし		**2(.29)**	**3(.27)**	0(.00)	**4(.33)**	**5(.25)**
	調整あり		0(.00)	2(.18)	0(.00)	0(.00)	3(.15)

注. 表中の数値は，【平静な声調の発話とそれ以外の自己主張を含むやりとり】における，当該児
と相手の一連の自己主張行動の各組み合わせの事例数（各事例はいずれかの組み合わせに分類さ
れる）。（ ）内の数値は，各期の【平静な声調の発話とそれ以外の自己主張を含むやりとり】の
合計数に対する，各組み合わせの割合。頻度が2以上かつ割合が.25を超える場合を太字にした。

Table 6.4 特徴的なやりとりの事例

事例6.1 Ⅰ期 園庭でCが三輪車を離れている間にⅠが乗ってしまう。	
C（24ヵ月）〈平静な声調の発話への調整なし〉	Ⅰ（18ヵ月）〈平静な声調の発話への調整なし〉
1．「だめ」と言って近づいてくる 3．自転車を自分の方に引き寄せる 5．「だめ！」と強い口調で言う(a) 7．「だめ！」と強い口調で言ってⅠを押しや 　ろうとする	2．無反応 4．自転車からどかずに自転車を押さえる 6．無反応 　担任が「Cちゃん，だめだよ」と声をかける

事例6.2 Ⅰ期 園庭でDがブランコに乗っているところへEが来る。	
E（23ヵ月）〈平静な声調の発話への調整なし〉	D（23ヵ月）〈平静な声調の発話への調整なし〉
1．ブランコに乗っているDに「かーわって 　ー」 3．「だーめーよ」 5．「やめて！」と強い口調で言って叩き返そ 　うとする	2．「だーめーよ。だーめーよ」 4．「だめ！」と強い口調で言ってEを叩こう 　とする(b) 6．叩き返そうとする

担任が「Eちゃん，ボール遊びやろうか」と介入する	

事例6.3　Ⅱ期　AとBが園庭の砂場で並んで砂で遊んでいる。

B（30ヵ月）〈平静な声調の発話への調整なし〉	A（31ヵ月）〈平静な声調の発話への調整あり〉
1．Aが使っていた木の棒を取る	2．「だめだめ」と言って棒を取り戻そうとする
3．棒をAから遠ざける	4．「だめだめ」と言って棒をつかむ
5．棒を引っ張る	5．Bと同時に棒を引っ張る
6．「だめ」と言ってAの手を押しやる	7．「だめ？」と尋ねる(c)
9．うなずき，「あった」と違う棒を渡す	10．Bが渡した棒を受け取る

事例6.4　Ⅱ期　保育室でDがままごとで遊んでいるところへBが加わろうとする。

B（31ヵ月）〈平静な声調の発話への調整あり〉	D（28ヵ月）〈平静な声調の発話への調整あり〉
1．Dが遊んでいる玩具を使おうとする	2．「ねえ，やめてよ」
3．別の玩具を使おうとする	4．**「ねえ，やめて！」**と強い口調で言う
5．「Bちゃんのは？」(d)	6．「Bちゃんのはね，あっち」
7．棚にあった玩具のコップを「これ？これ？」と尋ねる	8．「ちがう。これ」と言ってクマのぬいぐるみをBに示す
9．「これ？これ？」と言ってぬいぐるみをDに渡す	10．ぬいぐるみを寝かせる

事例6.5　Ⅲ期　保育室でBが複数の穴に棒を差し込む玩具で遊んでいるところへEが来る。

E（30ヵ月）	B（33ヵ月）
1．「あとでかわってね。わかった？」(e)	2．「いいよ」
3．「やった，やった，やった，やった」	4．「まГてて」(f)
5．「え？」（聞き取りにくかったための聞き返し）	6．「まってて」
7．Bの側で様子を見る	

事例6.6　Ⅲ期　事例5の続き。EはBの様子を見ながら順番を待っている。

E（30ヵ月）〈平静な声調の発話への調整あり〉	B（33ヵ月）〈平静な声調の発話への調整なし〉
1．Bの玩具の穴にさりげなく棒を差し込む	2．「だめでしょ，だめ」
3．「いっかいだけ」(g)	4．「いっかいだけだよ」
5．Bが棒を入れるのを手伝おうとする(h)	6．Eの手を振り払う
7．手を引っ込めてBの様子を見る	

注．〈　〉内は，一連の自己主張行動の分類を示す。事例中で，不快な声調の発話を太字にした。
事例中の数字は，反応の順番（同時の場合は同じ数字）。事例6.5のみが【平静な声調の発話のみによるやりとり】で，その他の事例は【平静な声調の発話とそれ以外の自己主張を含むやりとり】である。

怒りを感じる（杉山, 2000b）。この時期には，相手の拒否的な言葉を理解するようになる一方，それを自分の目標や主体性を妨げるものとして自分の視点のみから捉えることにより，不快情動を強める場合が多いのかもしれない。そして，その後は，互いの不快情動や攻撃行動に誘発されて，強い口調での主張や攻撃を返し合うやりとりへと展開していくことも多かった。このため，平静な声調の発話が示されても，この時期に優勢な比較的激しい葛藤を含むやりとりのパターンが変化することはあまりみられなかった。不快情動を表出し合わずに，言葉で主張しながらやりとりを終結させるためには，不快を誘発し合うパターンが変化する必要があると考えられる。そこで，II期以降にこうした変化がみられるかどうかを探索した。

　II期におけるやりとりの展開過程　II期には，当該児も相手も〈平静な声調の発話への調整なし〉の場合が約3〜5割に減少し，当該児か相手（または両方）が〈平静な声調の発話への調整あり〉の場合の割合が増加した。やりとりの展開過程にも変化が出現していた。この変化がみられる例として，事例6.3と事例6.4を挙げる。

　まず，I期との大きな違いとして，事例6.3のAも事例6.4のBも，相手の拒否的な発話に対し，不快情動を強めるのではなく，言葉で意図を確認したり尋ねることで交渉しようとしている点が挙げられる（下線(c)(d)）。2歳から2歳半以降，自他を区別し，他児の行動を動機づける意図の存在を理解できるようになる（Brownell, Ramani & Zerwas, 2006; Smiley, 2001）。さらに，自分の行為を相手の視点からも捉えられるようになることで，他者の苛立ちに巻き込まれることなく（坂上, 2002），他者の意図を考慮した行動を取れるようになるのだろう。興味深いのは，事例6.3のBや事例6.4のDが，相手に自分の意図を尋ねられたことで，何となく気持ちが切り替わり，その後の交渉を展開することができたということである。特に，事例6.4では，強まりかけたDの不快情動がBの働きかけによって沈静化し，やや月齢の高いBの交渉スキルに引っ張られる形で交渉が進行していったように見受けられた。意図

理解の発達によって相手の意図を考慮した発話がなされるようになり，その発話が相手の不快情動や行動の調整に貢献したり，交渉の展開を促す場合が出てくることが示唆される．本研究では，このような一方の発話によって他方が情動表出や行動を変化させる場合を含むやりとりを《言葉による意図調整を含むやりとり》と呼ぶことにする．

　激しい葛藤に発展しそうな場面において《言葉による意図調整を含むやりとり》が生じる事例は，Ⅱ～Ⅲ期にBとDの間で事例6.4以外にもみられたほか，CとDやAとEのやりとりでもみられた．こうしたやりとりの経験は，双方の子どもにとって言葉による交渉の"成功"として体験され，他児と言葉で意図を共有できるという認識を促すかもしれない．そして，さらなる意図理解や交渉スキルの発達とも相まって，強い不快情動の表出を伴わずに言葉で自己主張や交渉をして互いの意図を調整するやりとりの成立につながっていく可能性が考えられる．Eckerman & Didow (1996) は，子どもは，非言語的な模倣によって，協調を達成するための言語的やりとりへの「足場かけ」ができると主張している．主張的やりとりにおいては，《言葉による意図調整を含むやりとり》，すなわち一方の子どもの相手の意図を考慮した発話によって他方が情動や行動を調整するやりとりの経験が，不快情動の表出を伴わずに言葉のみで意図調整するやりとりへの足場かけの一部を担う可能性が考えられるのではないだろうか．

　Ⅲ期におけるやりとりの展開過程　Ⅲ期では当該児も相手も〈平静な声調の発話への調整なし〉の場合が約3～5割と概ね横ばいであった．この時期でも，機嫌が悪かったり，順番待ちが我慢の限界を迎えたりするなどの状況では激しい葛藤になる場合もあった．また，当該児が〈平静な声調の発話への調整あり〉で，相手が〈平静な声調の発話への調整なし〉である場合の割合がやや高い傾向があった．特に相手が月齢の低い子どもだと，平静な声調の発話によるやりとりが成立しない場合もあるためだと考えられる．

　一方で，Ⅲ期には，先述のように【平静な声調の発話のみによるやりと

り】が，各児の事例の3割程度に増加する。Ⅱ期とⅢ期の違いに着目して文字記録を見直したところ，Ⅱ期とⅢ期では事例の開始時に違いがある印象を受けた。そこで，事例の開始時の自己主張を Table 6.5に整理した。まず，各児の事例のうち，最初の自己主張が平静な声調の発話だった場合（当該児の場合も相手の場合も含む）の割合が，Ⅲ期には増加していた。そのうち，最初のターンで2人の自己主張が両方とも平静な声調の発話だった場合の割合も，Ⅲ期には増加していた。また，最初の自己主張（平静な声調の発話）が当該児の場合を見てみると，Ⅱ期ではB，C，D，Ⅲ期ではEが最初に平静な声調の発話を示す割合がやや高かった。

　以上の結果から，Ⅱ期では，最初に平静な声調の発話で働きかけることが比較的少ない。最初から不快情動の表出を伴わずに言葉でやりとりが成立することはあまりなく，先述のように，やりとりは身体的行動および不快情動の表出や調整を含みながら展開する場合が多かった。Ⅲ期になると，特にEが平静な声調の発話で働きかける場合が増加する一方，A，B，Dが平静な声調の発話で応答することで，言葉によるやりとりが成立するようになる。事例6.5のように「あとで」や「まって」を含む交渉的表現（下線(e)(f)）がみ

Table 6.5　Ⅱ期とⅢ期の事例の開始時における平静な声調の発話による自己主張

		A	B	C	D	E
Ⅱ期	最初の自己主張が平静な声調の発話	3(.27)	5(.29)	5(.38)	5(.26)	2(.17)
	最初のターンで当該児と相手の両方に出現	1(.09)	2(.12)	2(.15)	2(.11)	1(.08)
	最初の自己主張が当該児	0(.00)	4(.24)	3(.23)	4(.21)	1(.08)
Ⅲ期	最初の自己主張が平静な声調の発話	6(.38)	9(.47)	0(—)	9(.41)	17(.45)
	最初のターンで当該児と相手の両方に出現	5(.31)	7(.37)	0(—)	7(.32)	11(.29)
	最初の自己主張が当該児	2(.13)	2(.11)	0(—)	4(.18)	13(.34)

注．Ⅱ期とⅢ期の事例について，事例の最初の自己主張が平静な声調の発話であった場合（当該児の場合も相手の場合も含む）の頻度を各期上段に示した。このうち，最初の自己主張のターンが当該児も相手も平静な声調の発話であった場合の頻度を各期中段に，最初の自己主張（平静な声調の発話）が当該児であった場合の頻度を各期下段に示した。（　）内の数値は，各児の各期の事例数合計に対する割合。

られるようになり（A，B，D，Eでは少なくとも一方の表現はみられた）[7]．初
めに順番や遊びについて言葉で相互理解を形成するやりとりも出現した。

　そして，事例6.6のように相互理解のもとでやりとりが進行する場合もあ
った。この事例は事例6.5の続きである。EはしばらくBの様子を見ている
が，待つのに飽きてくると，相手の様子を見計らいながら玩具を使おうとす
る。麻生・伊藤（2000）は，2歳半頃の子どもは，大人の指示に従いつつも
課題の単調さを克服しようとする複雑な意図調整を行なうようになると指摘
している。子ども同士のやりとりでも，条件つきで玩具の使用をお願いする
（下線(g)），相手の遊びを手伝うことを装いながらさりげなく玩具を使用する
（下線(h)）など，複雑な意図調整がみられるようになった。興味深いのは，E
が基本的には順番の取り決めに従おうとして，相手が拒否や不快を示した時
点で手を出すのをやめたり交渉したりするため，激しい葛藤には発展しない
という点である。Ⅱ期では，主に他児の発話がその直後の不快情動や身体的
行動の調整に貢献していたが，Ⅲ期になると，やりとりの初めに子ども同士
の間で言葉によって相互理解が形成され，それが暗黙的にその後の情動や行
動の調整に貢献する場合も出てくることが示唆される。ただし，子どもは相
互理解の枠組みに素直に従うだけでなく，相手の様子を見ながら自分の要求
も満たそうとする巧妙な意図調整を展開する場合もあった。なお，相手の様
子を見ながら玩具を使用する行動はB，D，Eでもみられた。

6.4　総合的考察

6.4.1　結果のまとめ

　本研究では，関係的－歴史的アプローチを参照しながら，発達的変化の過
程の検討と子ども同士の主張的やりとりについての検討を行なった。具体的

---

7)「あとで」や「まって」を含む交渉的表現は，子どもが待てるようになる時期を見計らって，保
育者が導入したものだと思われる。

には，子ども同士の主張的やりとりのパターンの発達的変化（分析1）と，パターンの発達的変化を生むやりとりの展開過程の変化（分析2）を分析した。その結果，保育所の1歳児クラスで誕生月が前半の子どもたちにおける主張的やりとりの発達過程について，以下の点が示唆された。

Ⅰ期では，平静な声調の発話を含まず，物の取り合いや攻撃，不快な声調の発話などによって展開するパターンのやりとりが多かった。平静な声調の発話が示されたとしても，相手の不快を誘発し，Ⅰ期で優勢なパターンが変化することはあまりなかった。Ⅱ期には，平静な声調の発話とそれ以外の形態の自己主張を含むやりとりのパターンが高い割合に達した。物の奪取や不快な声調の発話の後で，相手の意図を考慮する発話が示され，その発話が相手の情動や行動の調整，その後の交渉の展開を促す場合がみられた。Ⅲ期には，言葉で働きかけ言葉で応答するというやりとりが成立するようになり，平静な声調の発話のみによるやりとりのパターンの割合が3割程度に増加した。所有の順番や遊びについて言葉で交渉して相互理解を形成し，相互理解のもとでより複雑な意図調整が展開される場合も出現した。このように，本研究では，2歳代の子ども同士の主張的やりとりが，情動や行動の相互調整の過程を含みつつ再組織化され，強い不快情動の表出を伴わずに言葉で意図調整を行なうやりとりのパターンが成立してくる過程を示すことができたと考える。

6.4.2　本研究の限界と今後の課題

第一に，本研究の知見は，1クラス10名のうち，誕生月が前半の5名に関するデータを対象とした分析から得られたものであり，一般化可能性には限界がある。特に，同じ2歳代でも，クラス内で誕生月が後半の子どもたちは，自分よりもややスキルフルな他児とのやりとりの経験が多くなると考えられるため，発達過程が異なる可能性もある。クラス内の年少の子どもたちを含め，より多くの子どもを対象とした検討が必要である。

第二に，本研究では，スキルフルな自己主張の一形態として，特に平静な声調の発話に着目して分析を行なった。しかし，事例6.6でみられた「相手の遊びを手伝うことを装いながらさりげなく玩具を使用する」などの行動は，身体的行動ではあるが，巧妙な意図調整を含むスキルフルな行動として捉えられるかもしれない。今後は，平静な声調の発話以外の行動にも着目して，やりとりの発達過程をより詳しく検討していくことが必要であろう。

　第三に，本研究では，主に研究の対象とした子どもに共通するやりとりの経験に焦点を当てた。結果と考察で指摘したように，主張的やりとりのパターンに類似した発達的変化がみられ（CのⅢ期を除く），Ⅱ～Ⅲ期に一方の発話によって他方が情動表出や行動を変化させるやりとりをA～Eが経験しており，Ⅲ期に「あとで」や「まって」を含む交渉的発話（Cを除く）や，相手の様子をうかがう行動（A，Cを除く）が観察された。しかし，個人の特質や全般的な発達程度等の違いにより，細かな発達の過程には個人差もあると考えられる。発達過程の共通性だけでなく，個別性についても検討することが必要である。

　第四に，本研究では，それぞれの子どもが他児とやりとりした事例をまとめて分析し，誰とやりとりしたのかというやりとりの相手については検討しなかった。しかし，相手によってやりとりの展開過程や発達的変化への影響に違いがみられる可能性が考えられる。当該児がそれぞれの子どもとどのようなやりとりを経験し，それが主張的やりとりの発達的変化とどのように関連しているのかについても検討する必要があるだろう。

　第五に，本研究の分析は，保育者の直接的な介入がない状況でのやりとりを対象としており，保育者の影響については分析していない。研究2において，保育者は子どもの自己主張や発達程度に応じた介入をすることで，行動の意味や効果的な葛藤解決方略を学習する機会を提供している可能性が示唆された。こうした保育者の介入が，主張的やりとりの発達過程にどのように関連しているのかについても検討する必要があると考える。

104　第3部　歩行開始期の仲間関係における主張的やりとりの発達過程の検討

特に以上に挙げた第三～第五の課題については研究4で検討を加える。

7章　研究4：歩行開始期の子ども同士のやりとりにおける自己主張の発達過程－発達過程の個別性や保育者の介入との関連に着目した質的分析－

7.1　問題・目的

　研究4では，特に主張的やりとりの事例が多くみられた男児1名，女児1名について，子ども同士のやりとりにおける自己主張の発達過程を質的に分析する。研究3では，やりとりのパターンを分類してその発達的軌跡を描出し，主張的やりとりの発達過程について子ども間の共通性を探索した。しかし，やりとりのパターンを分類して量的に分析する際には，個々のやりとりを文脈から切り離してしまうため，個人間の関係の一貫した歴史を精緻に理解するためには質的分析と組み合わせる必要がある（Fogel et al., 2006; Lavelli et al., 2005）。本研究においては，2人の子どもそれぞれが他児との間で経験した主張的やりとりをより詳しく質的に分析することで，子ども同士のやりとりの経験の中で，個別の子どもが自己主張をどのように発達させていくのか，その発達過程を精緻に描き出したい。その際に，保育者の介入についても検討に含める。したがって，研究4の分析では，研究3で検討した課題2「発達的変化の過程の検討」，課題3「子ども同士のやりとりの検討」に加え，課題1「個々の子どもの発達の道筋の検討」（特に，月齢以外の要因も含めた発達の道筋の個別性の検討），課題4「保育者の介入と子どもの自己主張の発達との関連の検討」を行なう。課題2と課題3については，研究3でも説明したため，以下に課題1と課題4について述べる。さらに，本研究では，これらの課題に加え，研究の総括に向けて，研究3で十分に検討できなかった点

106 第3部 歩行開始期の仲間関係における主張的やりとりの発達過程の検討

についても検討を行ないたい。

課題2：個々の子どもの発達の道筋の検討　個々の子どもの発達の道筋に関して，研究1では潜在曲線モデルを用い，月齢による違いを考慮した分析を行なった。しかし，個別の発達の道筋を詳しくみていくと，月齢以外の要因による違いも見出される可能性がある。例えば，気質などの違いによって，同じくらいの月齢でもそれぞれの子どもに固有の発達の姿が示されるかもしれない。したがって，個々の発達的軌跡について，共通性だけでなく個別性にも着目して，より精緻に検討することが必要だと考える。

課題4：保育者の介入と子どもの自己主張の発達との関連の検討　研究2では，保育者が子どもの自己主張の仕方に応じた介入をすることで，子どもに行動の意味や効果的な葛藤解決方略を学習する機会を提供し，子どもの自己主張の発達に貢献している可能性が示唆された。しかし，実際にこうした介入がその後の自己主張の発達にどのように関連しているのかについては明らかになっていない。研究3でも，保育者が介入しなかった場合の子ども同士のやりとりに焦点を当てたため，保育者の介入が主張的やりとりの発達過程にどのように関与しているのかについての検討は行なっていない。そこで，本研究では，研究2の結果を参照しつつ，保育者の介入とその後の子どもの自己主張の発達との関連について探索的な検討を加える[1]。

研究3で検討が不十分な点　研究3では，関係的—歴史的アプローチを参照しながら，個々の子どもが経験する主張的やりとりの発達過程の共通性についての検討を行なった。その結果，子どもが2歳前後の時期にあたるⅠ期では，物の取り合いや攻撃，不快情動の表出を伴う発話などによって葛藤が

---

[1] 3章でも指摘したように，保育の場における関係性のシステムを考える場合には，子どもと保育者すべてを含む関係システムとして捉える必要があるかもしれない。しかし，その場合，捉えるべき関係システムの複雑性が増し，本研究で検討できる範囲を超える。そこで，本研究においては，保育者の関わりが子ども同士のやりとりにおける自己主張の発達にどのように関与するのかを探索的に検討することにとどめ，子どもと保育者すべてを含む，保育の場におけるより包括的な関係システムを検討することは，今後の課題とする。

エスカレートするやりとりのパターンが優勢であり，2歳後半になるⅡ期〜Ⅲ期には，平静な声調の発話も含むやりとりや平静な声調の発話のみによるやりとりパターンが生じてくることが示された。やりとりの過程を詳しく分析すると，Ⅱ期〜Ⅲ期には，相手の意図を考慮する発話が，相手の不快情動や行動の調整，さらにその後の交渉の展開を促す場合がみられた。そして，こうした《言葉による意図調整を含むやりとり》[2]が平静な声調の発話によるやりとりへの「橋渡し」の機能の一部を担う可能性が考察された。しかし，研究3で十分に検討できなかった点として以下の点を挙げることができる。

　第一に，《言葉による意図調整を含むやりとり》が，やりとりのパターンの変化の契機となる可能性があることが示唆されたが，子どもが発達していく過程では，こうした転機が生じる以前にも，やりとりの過程ややりとりの文脈における微妙な変化が積み重なっていくことが考えられる。個々の子どもが他児とのやりとりを発達させていく過程を，やりとりの文脈も含めてより詳細に検討することが必要である。

　第二に，研究3では，量的分析のために，ある程度の数の事例をまとめて分析する必要があったため，誰とやりとりしたのかという，やりとりの相手別の検討は行なっていない。当該児がそれぞれの子どもとどのようなやりとりを経験し，どのような関係性を発展させ，また，それが自己主張の発達的変化とどのように関連しているのかについても検討する必要があるだろう。

　以上から，研究4では，特に以下の4点に着目しながら，子ども同士のやりとりにおける自己主張の発達過程を，質的分析によってより詳細に描き出すことを試みる。

(1)発達過程の検討：主張的やりとりの発達過程では，やりとりの過程や文脈におけるどのような変化が積み重なっていくのだろうか。

(2)発達過程の個別性の検討：個々の子どもの特質によって発達過程はどのよ

---

2)研究3で述べたように，一方の発話によって他方が情動表出や行動を変化させる場合を含むやりとりを《言葉による意図調整を含むやりとり》と呼ぶことにする。

108　第3部　歩行開始期の仲間関係における主張的やりとりの発達過程の検討

うに異なるのだろうか。

⑶それぞれの他児との関係性の検討：相手によってやりとりの展開過程や発達的変化への影響にどのような違いがみられるのだろうか。

⑷保育者の介入と発達過程との関連性の検討：保育者の介入が主張的やりとりの発達過程にどのように関連しているのだろうか。

7.2　方　法

　本研究では，関係的－歴史的アプローチにおける質的分析の方法を適用する。

7.2.1　関係的－歴史的アプローチにおける質的分析

　関係的－歴史的アプローチにおける質的分析では，Polkinghorne（1995）によるナラティブ分析の方法を，関係的－歴史的アプローチのために発展させた方法（Fogel et al., 2006; Lavelli et al., 2005; Pantoja, 2001）が用いられる。

　Polkinghorne（1995）によると，ナラティブ研究は以下の2つのタイプに分けることができる。一つは，インタビューなどで語られる物語をデータとして収集し，系列的な分析法を用いて，複数のデータに共通する要素からカテゴリーを生成する研究である。その例として，グラウンデッド・セオリーの研究法が挙げられる。もう一つは，出来事や事件をデータとして収集し，データの要素をまとめて物語を生成する研究である。ナラティブは，出来事や行為が筋書きによって組織化された一つのまとまりである「物語」として捉えられるが，前者は物語をデータとして用いるのに対し，後者の研究では分析の結果として物語を生成する。これらの研究のうち，Polkinghorne（1995）は，後者のタイプの研究で用いられる方法をナラティブ分析と呼び，「データの要素を一貫した発達的説明に組織化する方法」と定義づけている。そのため，異なる時点の観察データから，発達過程を分析する際に有効な方

法だと考えられる（Lavelli et al., 2005; Pantoja, 2001）。また，ナラティブ（＝物語）においては，行為が生じた状況の複雑性やそれに付随する情動的・動機的意味づけ，また，個々の物語の特殊性が保持される（Polkinghorne, 1995）。したがって，発達の物語を生成することは，やりとりが生じた文脈や，行為の背後にある情動や動機などを含めて個別の発達過程を理解することにつながると考えられる。

　関係的─歴史的アプローチにおけるナラティブ分析の具体的な手順は以下の通りである（Fogel et al., 2006; Lavelli et al., 2005; Pantoja, 2001）。

1）観察の録画データを観て，関係の発達に関する第一印象を形成する。

2）経時的ナラティブ（chronological narrative あるいは sequence narrative）と呼ばれる出来事の流れを記述したナラティブを作成する。観察データを文字化する作業であるが，すべての行為を逐一記述するとは限らず，研究の問いから導かれる解釈を含む。

3）各ケースについて個別に経時的ナラティブを読み，異なる時点間の共通点と相違点を「絶えざる比較法（constant comparative method）」（Glaser & Strauss, 1996）を用いて検討する。「絶えざる比較法」とは，物事と物事を比較し，共通点と相違点を見出すことである（Corbin & Strauss, 2008 ; Glaser & Strauss, 1996）。

4）各観察セッションの要点をまとめて短い物語を記述した要約ナラティブ（summery narrative）を作成する。

5）経時的ナラティブを時系列順に読み，変化についての解釈に基づいて，歴史的ナラティブを作成する（historical narrative）。この段階で複数の出来事を発達の物語にまとめる。

　質的研究の質を評価する指標としては，信憑性（credibility）がある。信憑性を高める方法は様々であるが（Patton, 2002），Fogel et al.（2006）は，研究者が長期にわたって研究協力者と関わること，検討されている現象を持続的に観察すること，チームで研究することを挙げている。本研究においては，

110   第3部　歩行開始期の仲間関係における主張的やりとりの発達過程の検討

約1年にわたって研究協力者と関わり，観察調査を開始した2003年から9年以上をかけて繰り返し録画データと文字データを参照し，自己主張の発達に関する分析を進めてきた。ただし，本研究はチームではなく，主に筆者単独で行なったため，研究のプロセスにおいて他の研究者の意見を聞いた。

7.2.2　分析対象児

　分析対象児は，主張的やりとりの事例が多かったB（男児，4月生まれ）とE（女児，7月生まれ）である。それぞれの子どもが関わった主張的やりとりの事例を分析した。個別の発達過程を詳細に分析するとともに，子ども間の比較をして発達過程の共通性と個別性をより明確に理解するため，対象児を2名選出した。主張的やりとりの事例が多かった子どもを対象としたのは，観察事例数が多いほうが，発達過程がみえやすく，詳細に分析できる可能性が高いと考えたためである。ただし，主張的やりとりの事例が多いということは，対象児がより主張的な特性を持つということを示唆している。そのため，異なる特性を持つ子どもについて一般化することには限界がある。様々な特性を持つ子どもについて検討することは今後の課題である。

　各児の事例が観察された日数（観察調査日の中で当該児が関わった事例が観察された日数）を期ごとにまとめた数と，各月における事例数を Table 7.1に示した[3]。

7.2.3　分析手順

　本研究では，ナラティブ分析の方法を参照するが，データの収集法等の違いにより分析の手順は Fogel et al.(2006) と全く同じではない。Table 7.2に，本研究の分析手順をまとめた。

3）II期では，Eが関わった主張的やりとりが観察されたのが3回の観察日のみであったため，詳細な変化過程を検討するためにはデータが不十分である可能性があるが，観察できた範囲で変化を記述することとする。

7章　研究4：歩行開始期の子ども同士のやりとりにおける自己主張の発達過程　　111

Table 7.1　各期の事例が観察された日数と各月における事例数

期ごと観察日数			月ごと事例数										
I期	II期	III期	5月	6月	7月	8月	9月	10月	11月	12月	1月	2月	3月
B児	5	6	5	0	16	18	0	0	16	8	12	10	15	13
E児	7	3	7	0	15	24	4	0	13	0	20	16	39	10

Table 7.2　分析手順

1）　観察の録画データの鑑賞　3.3で述べたように，保育所への1回の訪問で観察・録画の対象となった子どもは2～8名であった。1回の訪問につき1本のテープを使用したため，録画データは個々の子どもごとに時系列に並んではおらず，1本のテープにその日の観察の対象児すべてのデータが録画されている状態であった。本研究を行なうにあたり，分析対象児2名については，自己主張を含む事例を時系列順に編集し直し鑑賞した。

2）　経時的ナラティブの作成　研究1で作成した自己主張を含む事例の文字記録をもとに，事例ごとに経時的ナラティブ（出来事の流れを記述したナラティブ）を作成した。

3）　絶えざる比較法による異なる事例間の比較・検討　本研究では，個々の子どもについて各観察日に複数の事例が観察された場合があるため，まずは，個々の事例（経時的ナラティブ）を絶えざる比較法によって比較した。各事例について，その事例以前の事例との共通点（その事例以前のいずれかの事例においても観察される点）と相違点（その事例において初めて観察される点）を書き留めた。また，それ以外にその事例について気づいた点（前の事例や後の事例との関連性，発達的変化や子ども同士の関係性についての解釈など）や疑問点をメモした。

4）　要約ナラティブの作成　同じ観察日の事例について，3）の事例間の比較・検討の結果に基づき，その日の要点をまとめた。要点をまとめるにあたっては，本研究の課題に対応して，特に①他児とのやりとりの展開過程の特徴，②他児とのやりとりから推測される他児への態度や他児との関係性，③保育者とのやりとりの特徴に着目した。

5）　歴史的ナラティブの生成　要約ナラティブを何度も読み直して，主張的やりとりの発達過程について歴史的ナラティブを生成した。必要な場合には，元の事例や事例間の比較・検討に関する記述も参照し，個々の事例や事例同士の関連性により適合するように記述を修正していった。このように，データとナラティブの記述を行き来する分析プロセスは，解釈学的循環と呼ばれる原則に従うものである（Polkinghorne, 1995）。なお，歴史的ナラティブの作成にあたっては，対象児の特徴や発達過程についての理解を深めるため，I期とII期の終了後に行なった保育者へのインタビューの内容も参考にした。

6）　他の研究者による分析結果のレビュー　歴史的ナラティブと考察部分について，発達心理学が専門の研究者に読んでもらい，意見を求めた。それらの意見を元に，記述の加筆・修正を行なった。

112 第3部 歩行開始期の仲間関係における主張的やりとりの発達過程の検討

　なお，Fogel et al. (2006) では，質的分析の結果，分析対象とした親子一組につき3～4つの発達の時期に発達過程を区分している。本研究における観察は保育所に休みの時期があることから，お盆と年末年始の休みを挟んでⅠ～Ⅲ期の3つの時期に分けて行なったが，歴史的ナラティブの生成の際には，まず，事例を時系列順に並べ，これらの観察時期に関わりなく発達的変化を検討した。しかし，検討の結果としては，発達的変化の観点からみても観察時期のⅠ～Ⅲ期と同様に時期を分けられるように思われた。これには，4章で指摘したように，休み前後の時期に観察の間隔が空いていることも関係しているかもしれない。

7.3　結果と考察

　BとEのそれぞれについて，他児との主張的やりとりの発達過程（歴史的ナラティブ）を記述する。ただし，発達過程の記述に移る前に，やりとりが生じた文脈を提供すると考えられる保育所と保育者の特徴を改めて記述しておく。

　なお，発達過程の記述はⅠ～Ⅲ期の期ごとに行なう。初めに各期の全体的な特徴を記述した後，その期における変化の特徴を記述する。さらに，その期における保育者との関わりについて記述する。分析の結果として見出されたBとEの特徴的な変化を時系列順に Table 7.3にまとめた。また，BとEの他児や保育者とのやりとりの特徴を Table 7.4，Table 7.5に整理した。

7.3.1　保育所と保育者について

　3章の観察手続きにおいても述べたように，観察の対象とした保育所は東京都内の都心から少し離れた住宅街にある公立の保育所であり，特殊な理念に基づく保育を行なっているようには見受けられなかった。0歳児クラスと1歳児クラスは10名程度，2歳児クラスは15名程度，3～5歳児クラスは25

7章　研究4：歩行開始期の子ども同士のやりとりにおける自己主張の発達過程　　113

Table 7.3　ＢとＥの特徴的なやりとり

	Ｂ（男児，４月生まれ）	Ｅ（女児，７月生まれ）
Ⅰ期	言い合いや引っ張り合いによって互いの葛藤がエスカレートする。	攻撃や金切り声で不快情動を表出し合って葛藤がエスカレートする。保育者に視線を向けたり，助けを求めたりする。
5月 6月	保育者による交渉方略の提示（2日） 保育者との泣きながらのやりとり（2日） 自ら平静な口調での交渉「かして」(26日) 相手の拒否の言葉に従う（26日）	保育者に視線を向ける（2日） 保育者に促され，平静な口調で交渉「いれて」(26日)
7月	相手がＢの拒否の言葉に従う（25日） Ａとの遊びにおける主張的やりとり（25日）	ＡやＢに対する好意的な働きかけ（18日） 自ら平静な口調で交渉「いれて」(18日)
8月		平静な口調での自己主張のターンが成立（1日）
Ⅱ期	平静な口調での自己主張が増え，所有権を主張する発話が多くなる。11月以降，一緒に遊ぶ場面での意図調整が出現する。	平静な口調での自己主張が増える。保育者を介したより精緻な表現による自己主張がみられる。
9月 10月 11月	保育者と言葉でやりとり（3日） ＡがＢの意図を確認する《言葉による意図調整を含むやりとり》（19日）	Ｂの主張に応じてパズルを渡す（10日）
12月		保育者を介した自己主張（11日） Ｂと一緒に遊ぼうとする場面での自己主張（11日）
Ⅲ期	平静な口調の発話のみでのやりとりが出現する。言葉でイメージや表象を共有し，言葉で意図調整するやりとりが増加する。	他児と一緒に遊ぶようになる。平静な口調の発話のみでのやりとりや意図調整がみられる。保育者に助けを求める場面が減少する。
1月	保育者による交渉表現「あとでかしてね」の導入（21日） Ｄとのイメージのずれをめぐるやりとり（29日） 保育者による言葉の補助（29日）	Ｄと一緒に遊ぶ場面で他児（Ｈ）を拒否する（21日）
2月 3月	Ｅとの順番をめぐる相互理解のもとで意図調整を含むやりとり（19日）	Ａとの間で《言葉による意図調整を含むやりとり》（19日）

注. （　）内は，筆者の観察データでそのやりとりが初めて出現した日にち。

114　　第3部　歩行開始期の仲間関係における主張的やりとりの発達過程の検討

Table 7.4　Bと関わりが多かった他児および保育者との関わりの特徴

相手	A（男児・4月生まれ）	D（女児・7月生まれ）	E（女児・7月生まれ）	保育者
I期	絵本を並んで読むなど，一緒に遊ぶ関係が成立し始める。	A以外の子どもと一緒に遊ぶ場面はみられない。		保育者に対して不快情動を表出し，慰めを求める。
II期	一緒に遊ぶ関係がDやEにも広がり，AやDとの間では言葉による意図調整を含むやりとりが成立する。			II期の最初に，保育者との間で言葉によるやりとりが長く続く。
II期	Aがリードし，意図調整をする。	Bがリードし，意図調整をする。	II期の後半には，Eとも遊ぶようになる。	
III期	DやEとの関わりが増え，Aとのやりとりは，収集した事例の中ではみられない。	DやEとのやりとりが盛んになり，Bは相手に応じた自己主張を行なう。		子ども同士でのやりとりでも意図調整が可能になる。言葉による通じ合いが難しい場面では，保育者が言葉を補助する。
III期		対等な関わりによって相互に意図を調整する。	多少強引なEに譲歩をしつつ，全面的には譲歩しない高い交渉スキルを示す。	

Table 7.5　Eと関わりが多かった他児および保育者との関わりの特徴

相手	A（男児・4月生まれ）	B（男児・4月生まれ）	D（女児・7月生まれ）	保育者
I期	A，Bにものを渡すなど好意的働きかけをするが，拒否される。			保育者に視線を向けたり，助けを求めたりする。
II期	他児と一緒に遊ぼうとする場面はあまりみられない。			月齢の低い子どもたちとの関わりで，保育者に訴える。
II期		滑り台に誘って一緒に遊ぼうとする。		
III期	A，B，Dとのやりとりが盛んになる。Aとのやりとりをきっかけに，他児と相互に意図調整を行なうようになる。			子ども同士でのやりとりでも意図調整が可能になる。言葉による通じ合いが難しい場面では，保育者が言葉を補助する。
III期	言葉による意図調整がAとの間で成立し，Eは喜びを示す。AはEの自己主張をかわしながら関わる。	Eの積極的な自己主張に対し，Bは全面的には譲歩しない。	誘い合って遊び，対等なやりとりをする。	

名程度で，それぞれ1クラスずつの中規模の保育所であった。

　対象とした1歳児クラスの担任は女性3名（経験年数は7年，10年，20年）で，うち1名が0歳児クラスからの持ち上がりだった。子ども同士の葛藤や自己主張の発達的意義や介入の仕方について尋ねたところ，子ども同士の葛

藤や自己主張を発達において重要なものと捉えており，介入する際には，子どもの気持ちに共感すること，相手の気持ちを伝えること，葛藤の解決法や解決の選択肢を示すことを心がけていることなどを語った。また，子どもたちの様子や介入の仕方について日々担任同士で話し合っていることが語られた[4]。

7.3.2　Bの他児との主張的やりとりの発達過程

〈Ⅰ期〉

　Bは4月生まれの男児である。保育者はBについて「『自分の』というのがすごくある。だから，それを取られたときにはすごく泣く」と語っている。観察された事例でも，Bが使っている玩具を他児が取ろうとしたり，使おうとしたりしたときに，金切り声を上げて取り戻そうとする場面が多く，自分の玩具が取られることに対して強い抵抗を示していた。

　　（事例BⅠ-1：6月13日）　保育室で[5]保育者を数人の子どもが丸く囲んで床に座り，お尻の部分を押すととぶカエルの玩具で遊んでいる。B（25ヵ月）がとばしたカエルをE（女児，22ヵ月）が手に取る。Bは，「だめだめ！」と金切り声を上げる。Eは「だめ！」と金切り声で言い返す。Bは「だめ！」と金切り声で言いながら，Eを叩く。保育者は「はいよ」と言ってカエルをBの前に置く。Eは保育者のところにあるカエルを指さしてもうひとつ要求し，保育者はEにカエルを渡す。

　この事例でもみられるように，やりとりの展開としては，Bの強い口調での自己主張に対して，相手が言い返したり，さらに玩具を引っ張ったりして互いに不快情動がエスカレートしていくことが多かった。しかし，Ⅰ期の後半になると，平静な口調の発話による主張的やりとりの発達につながるよう

4）保育者へのインタビューで語られた内容については，研究2でも記述した。
5）事例中の「保育室」は1歳児クラスが普段使用している保育室のことを指す。以下，同様。

116 第3部 歩行開始期の仲間関係における主張的やりとりの発達過程の検討

な変化の萌芽が出現し始めた。

言葉のみでの働きかけと相手の拒否の言葉に従う行動　まず，6月後半に
なると，Bが平静な口調の自己主張で働きかける事例が観察された。例えば，
6月26日には，シーソー型の大型玩具にAなど数人の子どもたちが乗り，保
育者が付き添って動かしていたところへBが近づいて「かーして」と言っ
た。同じ日には，シーソーへBが近づこうとすると，Fに「だめ」と言われ
てその場を離れるという，Bが相手の拒否の言葉に従う場面もあった。さら
に7月後半には，相手がBの拒否の言葉に従う場合も出現した。例えば，B
が箱を動かそうとしているところへDが手を出そうとしたのに対し，Bが
「だめ」と言うとDは違う箱に座った（7月25日）。

　このようにI期の後半には，自分や他児が言葉のみで働きかけたり，相手
の拒否の言葉にすぐに従ったりする場合があらわれ始めた。言葉で働きかけ，
言葉が相手に通じる経験も少しずつするようになったのである。

一緒に遊ぶ場面での葛藤的やりとり　もう一つⅡ期以降につながる可能性
のある変化として，7月後半にAとの間で以下のやりとりがあった。

　（事例BI-2：7月25日）　保育室で，B（27ヵ月）とA（男児，27ヵ月）が並ん
　　で床に座り，それぞれ別の絵本を見ている。AがBの絵本を触り，「Bの？」
　　と聞くと，Bは「Bの」と答える。Aはもう一度「Bの？」と聞き，Bは
　　「うん」と答える。Aは「ほら，ほら，ほら」と言ってBが持っている絵本
　　の表紙の絵を指さす。Bは「いや，いや」と言って絵本を遠ざけ，Aは手を
　　引っ込める。その後，Bは絵本を見ながら「（新幹線の）のぞみ」と言い，
　　Aは「のぞみ。これは？」と絵本を指さして尋ねる。Bは「これは『まるの
　　うちせん』」と答えて絵本を開く。Aも自分の絵本に戻る。

　この事例では，BとAが並んで絵本を見ている場面で，下線のような葛藤
がその後にエスカレートすることなく，言葉でのやりとりが続いている。お
互いに「一緒にいることが楽しい」と感じ，その気持ちをベースとしてやり
とりが成立しているようだった。その中で特にAが「Bの？」「これは？」

などと相手に尋ねる発話をすることで，言葉でのやりとりがふくらんでいたように見受けられた。Aは4月前半生まれで月齢が高く兄もおり，保育者はAについて理解力や行動力が抜きん出て高いと語っている。Bとの間でも言葉でのやりとりをリードする面がみられ，BはこうしたAとのやりとりを通して，反発し合うだけではなく，活動を共有しながら言葉で通じ合う体験ができたようである。

　このように他児と一緒に遊ぶ場面での主張的やりとりのエピソードは，Ⅱ期以降に増加する。Ⅰ期の後半にAとの間で成立しつつあった一緒に遊ぶ関係性が，Ⅱ〜Ⅲ期にかけて他の子どもとの間でも発展していったように見受けられた。

　保育者による交渉方略の提示　研究2でも示されたようにⅠ期に多かった玩具の取り合いや押し合いの場面では，保育者が制止したり子どもの注意を転換したりすることが多かったが，保育者が交渉方略を提示する場合もあった。たとえば，BとFの玩具の取り合いで，保育者がBに対して「『とらないでね』って。『一個貸して』って。」と介入したり（6月2日），Eとの手押し車の取り合いでEに「『かーして』した？」と介入する（7月18日）などである。しかし，いずれの場合も保育者が介入した後に玩具の引っ張り合いに戻ってしまった。この時期には保育者の援助のもとでも，言葉で交渉して両者が納得のいく解決に至るのはまだ難しいようだった。ただし，先述のようにBが自ら「かして」と言う場面も出てきており，「かして」と言うことの必要性は学習していたようである。

　保育者との泣きながらのやりとり　もう一つ興味深いやりとりとして，Bが保育者の介入が不満で泣き出し，保育者との間で泣きながらのやりとりになるエピソードがみられた。

　（事例BⅠ-3：6月2日）　ホール[6]で，木でできた枠（跳び箱の一段）を床に置

6）「ホール」では，催し物が行なわれるほか，跳び箱などダイナミックな遊びをする場合もある。

いた中に，B（25ヵ月）が座って入っている。そこへE（女児，22ヵ月）が入ろうとするとBは押し返して拒否し，保育者の方を見る。Eも保育者を見る。保育者はEに対して「うん」とうなずく。Eが枠の中に入り，EとBの2人が並んで入れるように，伸ばしていたBの足を保育者が曲げるようにして押さえると，Bは「いたいよ」と言って泣き出す。保育者はBの顔をのぞき込んで優しく「いたくないでしょ？」と聞くが，Bは「だめだめ」などと泣き続けるため，保育者は「だめなの？」「わかったよ」と受け止め，Eを抱き上げて木の枠から出させる。

　この事例でBは，足を押さえられたのが窮屈で痛いと感じただけでなく，保育者に視線を送って助けを求めたにもかかわらず，保育者がEの要求に応じたことを不満に感じたのではないだろうか。Bが保育者に対して泣いて訴えると，保育者はBの気持ちを受け止め，要求に応じた。Ⅰ期の終わりの保育者へのインタビューにおいて，ある保育者はBについて，「泣いて訴えて，なぐさめてほしいタイプ」と語っている。Bは，保育者に受け止めてもらえることを期待して不快情動を表出したのかもしれない。一方で，別の保育者はⅠ期の終わり頃のBについて「すっごく甘えていたのが今は落ち着いている」と語っている。BはⅠ期の終わり頃までに保育者に対して十分に「甘え」を示したのかもしれない。そのことで，保育者への信頼感を形成し，自分で気持ちを収めることも可能になってきたのではないかと思われる。

〈Ⅱ期〉

　Ⅱ期になると他児に玩具を取られそうになっても，金切り声を出さずに言葉で自己主張することが増え，「Bちゃんの」などと所有権を主張する発話が多くなった。さらに，11月頃には，研究3でも指摘したように，相手の意図を確認する発話などによって行動や情動を調整し交渉が展開する《言葉による意図調整を含むやりとり》が出現するようになった。こうしたやりとりは特にAやDと一緒に遊んでいる場面で生じていた。一緒に遊ぶ場面では互いに好意的な感情を持っていることで，相手の意図に関心を向けたり，友好

的なやりとりを維持しようとする動機が働きやすいのかもしれない。

意図調整を含むやりとり　Aとの間では，砂場で並んでしゃがんで遊んでいる場面で意図調整を含むやりとりがみられた。この場面では，まず，Aが使っていたシャベルをBが取ろうとしたときに，Aがそれとは別のシャベルを提示するエピソードがみられた。こうした代替物を渡す方略は，自分のシャベルを確保しつつ，相手の要求にも応えようとする巧みな方略であると考えられる。そして，それらのエピソードの後に研究3でも取り上げた以下のやりとりがあった（研究3の事例6.3（Table 6.4））。

　（事例BⅡ-1：11月19日）　B（30ヵ月）とA（男児，31ヵ月）が園庭の砂場で並んでしゃがんで遊んでいる。BがAの側にあった木の棒を取ろうとして引っ張り合いになる。Bが「だめ」と言ってAの手を押しやると，Aは「だめ？」とBの意図を確認する。そこでBは「あった」と言って違う棒を渡す。

この事例は，研究3では，AがBの意図を尋ねたことによってBが行動を調整した例として取り上げた。相手に自分の意図を尋ねられたことで，Bは相手を拒否する気持ちが切り替わり，Aに棒を渡したのである。ただし，BはAが取ろうとしたのとは別の棒を渡しており，Aがこれより前の事例で示した代替物を渡す方略を，Bが取り入れて示しているという点も注目できる。Ⅱ期には，Ⅰ期に引き続きAがややスキルの高い行動を示し，遊びや意図調整のやりとりをリードする場面や，BがAの後をついて歩き行動を模倣する場面もみられた。AはBにとって魅力的な存在であり，BはAとの関わりから交渉方略を学ぶ機会も得ていたように見受けられる。

　一方，7月生まれのD（女児）とのやりとりでは，10月頃に「Bちゃんの」「Dちゃんこっち」と言って玩具を引っ張り合う場面や押し合う場面がみられたが，11月頃になると一緒に遊ぶようになった。そして，研究3の事例6.4（Table 6.4）や下の事例のように，やや月齢の高いBの交渉スキルによってDが不快情動を収めるような場面がみられるようになった。

　（事例BⅡ-2：11月19日）　保育室でD（女児，28ヵ月）とB（30ヵ月）が，サイ

ズが違うカップ（入れ子状になっており，逆さにすると重ねられるようになっている）を逆さにして交代で積み重ねる遊びをしている。DがBに「いいよ，やっていいよ」と言うとBは「いや，D（がやって）」と言う。Dが「できない」と言うのでBは自分のカップを上に置くが，DはBが置いたカップを取って再び「できない」と言う。Bは「どれ？」と尋ね，いったん上に置いたカップを取ろうとする。するとDは「ねえ，まだよ！」と強い口調で言う。しかし，Dはすぐに「だめだよね，まだね」と口調を弱めて言い直し，Bはうなずく。

　この事例で，Dが繰り返し「できない」と言うのに対し，Bは不快になることなく，いったんカップを置くのをやめて「どれ？」とDの意図を尋ねている。すると，Dはいったん強い口調で主張するものの，すぐに口調を弱めBに共感を求めるような発話を示した。Bと一緒に遊んでいる中で，基本的には「遊びを継続したい」という気持ちを持っていたのに加え，Bに意図を尋ねられたことで「自分の要求を通したい」という気持ちに揺れが生じたのかもしれない。

　このように，Ⅱ期になると，意図理解や交渉スキルの発達に加え，一緒に遊ぶ関係性が発展してきたことを背景として，互いに意図を調整する場面もみられるようになった。研究3で考察したように，こうしたやりとりがⅠ期に優勢であった拒否的な主張をし合うことで葛藤がエスカレートするやりとりのパターンを変化させるきっかけの一つとなった可能性が考えられる。ただし，上記の事例にみられるように，やりとりの展開はそれぞれの相手によって微妙に異なっていた。AとのやりとりではAが意図調整をリードしており，DとのやりとりではBが意図調整をリードしつつ葛藤を調整していた。

　保育者との言葉でのやりとり　Ⅰ期では保育者が介入しても自分の要求を通したい気持ちが強く，子ども同士の交渉が成立するのは難しかったが，Ⅱ期には保育者と言葉でやりとりし，最終的には相手に譲る場合がみられた。

　（事例BⅡ-3：10月3日）　保育室でB（29ヵ月）が床に座って遊んでいたフロッ

クを，E（女児，26ヵ月）が持っていこうとする。「だめ」「やっだったらや
ーよ」などと言い合いになり葛藤がエスカレートする。保育者がEを膝の上
にのせて「かーしーて」と言う。Eも手を伸ばして「かして」と言い，保育
者は「少しちょうだいなー」「Bちゃんがこれだめだよーって言ったら，お
友達が使えないんだよー」などと介入する。それに対してBは「やだよー
だ」「やだよー」などと平静な口調で応答するやりとりが何回か続く。保育
者が「Eちゃんの分がないんだって」と言うと，Eは「つかいたかった」と
言う。保育者は「ねー，Eちゃんほしいねー。いっぱいあるから少し貸して
よ」と応じる。その後，保育者が「じゃあ，これBちゃんのおうち作って」
と言って他のブロックをBに渡すと，Bは「はいどうぞー」と言って自分の
持っていたブロックを一つ渡す。

　このやりとりでBは，保育者の介入に不快情動をエスカレートさせること
なく，保育者に対して「やだよー」という拒否を繰り返す。保育者の方もす
ぐにBに譲らせるのではなく，穏やかな口調でEの要求や状況を説明しなが
ら，Bの主張に応じていた。Bは保育者に対してある程度自分の主張をして
満足したのか，保育者に他のブロックを渡されると自らブロックを譲ること
ができた。なお，この事例は10月3日というⅡ期の前半に観察されたもので
ある。そして，先述のように，Ⅱ期の後半には，平静な口調の発話で自己主
張したり，相手の意図に関心を向ける場面がみられるようになった。上記の
事例のように保育者と言葉でやりとりすることも，他児の意図の理解や言葉
でのやりとりの発達に貢献したのかもしれない。

〈Ⅲ期〉

　研究3でも示されたように，Ⅲ期には，平静な口調の発話による自己主張
のみでやりとりが成立する場合が出現し，「あとで」や「まって」を含む交
渉的表現によって順番や遊びについて言葉で相互理解を形成するようになっ
た。また，言葉でイメージや順番のルールなどの表象の世界を相手と共有す
るようになり，具体物だけでなくイメージのずれや順番をめぐる葛藤を調整

する場合が出てきた。

　イメージのずれをめぐるやりとり　イメージのずれをめぐっては，たとえ
ば，Dとの間で大型積み木をテレビに見立てて遊んでいる場面で以下のよう
なやりとりがなされた。

　(事例BⅢ-1：1月29日)　空き部屋[7]で，細長い四角の大型積み木の上に三角の
　　大型積み木をのせてテレビに見立て，子どもたちがやや小さい四角の積み木
　　の上に座りテレビをみるふりをして遊んでいる。B（33ヵ月）がテレビを消
　　す真似をして「ピ（電源のスイッチを押した音の真似），あ，おわっちゃっ
　　た」と言うと，D（女児，30ヵ月）が「おわってないよ」と言い，Bが「お
　　わってないんだ，まだ。」と確認する。

　この事例では，テレビというイメージを共有した上で「テレビ番組が終わ
ったかどうか」という，イメージの細部のずれを互いに言葉で調整していた。

　それぞれの子どもとのやりとりの違い　Ⅲ期にも相手によるやりとりの違
いがみられたが，Ⅱ期と比べてそれぞれの子どもとの関係性が互いの発達に
伴って変化していた。

　(事例BⅢ-2：1月29日)　保育室で，G（女児，27ヵ月）が椅子に座り，テーブ
　　ルの上で木のパズルをして遊んでいる。B（33ヵ月）はその側に立って，G
　　がパズルをするのを見ながら，Gがパズルを終えるのを待っている。そこへ
　　D（女児，30ヵ月）が近づいてくる。Bは，Dに対して「Bのばんじゅーん
　　（じゅんばん）」と言う。保育者が「B, 待ってるのね」と介入する。Dは
　　「あとでかわってね。」とBの顔を覗き込んで言う。Bは「だめ。Dはこれを
　　つかってるんでしょ。」と別のパズルを指さす。DはBが指さしたパズルを
　　触りながら，「これみて」とBに話しかける。

　この事例のように，Bは真面目に順番を待ち，他の子どもにも順番を守る

---

7)「空き部屋」は，以前は幼児クラスの保育室として使用されていたが，観察時点では使用されて
　いなかった部屋である。保育室よりやや広めのため，大型積み木などの大きな遊具を出して遊ぶ
　ことも多かった。

ことを求める場面がみられた。それに対し，そばにいた保育者がBが待って
いることを説明したことにもよるのだろうが，Dは「あとでかわってね」と
交渉する。II期と比較するとDも交渉スキルが発達し，情動的に落ち着いて
やりとりできるようになってきたことがうかがえる。ただし，Bは「Dはこ
れをつかってるんでしょ」と別のパズルを提示しており，自分が先に待って
いる場面で簡単には譲歩しない交渉スキルを示していた。

　一方，Eの場合，研究3でも取り上げたように，順番を待つのに飽きてく
ると相手の様子を見ながら玩具を使おうとする場面がみられた。研究3で挙
げた事例6.6（Table 6.4）以外にも以下の事例がみられた。

（事例BIII-3：2月19日）　保育室で，B（33ヵ月）が椅子に座り，テーブルの上
　　で穴に棒を差す玩具で遊んでいる。E（女児，30ヵ月）が来て「あとでかわ
　　ってね」と言ったのに対しBが「まってて」と応じ，EはBの側に立って順
　　番を待っている。EはBが使用している玩具に自分も棒を差し込もうとして
　　Bの手をどけようとする。Bは，「やんないで」と言って手を払いのけるが，
　　Eはさらに棒を入れようとする。Bは「ここにいれて，ここ」と違う穴を指
　　さす。Eがその場所に入れると，Bは「おして。そうそう」と言う。

　Eは基本的には順番を待ちながらも，Bが使っている玩具を自分もやって
みようとする。それに対し，Bはいったん拒否するものの，さらにEが棒を
差し込もうとするので，Eが入れようとしていたのとは別の穴に入れるよう
に指示をする。このようにEの多少強引とも思える積極的な働きかけに対し
て，Bは全面的に譲歩するのではなく代替案を提示しており，ここでも交渉
スキルの高さを示していた。

　以上のようにII期ではDとのやりとりでBが意図調整をリードしていたが，
III期になると，Dも不快情動を表出せずに言葉で意図を伝える場合が出てき
て，より対等なやりとりがみられるようになった。一方，Eとの間ではII期
には言葉での意図調整はあまりみられなかったが，III期になるとEの交渉ス
キルが発達し，言葉による意図調整のやりとりがなされるようになった。特

に，Eからの積極的な働きかけにBが応答したり，少し譲歩したりするやりとりが多くみられた。

なお，Aについては，Ⅲ期には，筆者が観察した中では，Bとの間で主張的やりとりのエピソードはみられなかった。この時期にDやEの交渉スキルが発達したことでAとBがそれぞれにDやEと関わることが増え，AとBの関わりが減少したのかもしれない。

保育者による交渉表現の導入　Ⅲ期には，「あとでかして」や「まってて」という表現を保育者が導入しており，観察されたエピソードの中でも，HがBの三輪車を取ろうとしたときに保育者が「Bちゃん，あとでHちゃんにもかしてあげてね」と介入する事例があった（1月21日）。そして，先に挙げた事例にもみられるように，こうした表現を子どもも自分で使用するようになった。

保育者による言葉の補助　また，Ⅲ期では，表象の世界を共有して言葉でやりとりし始めたとはいえ，お互いに意図が伝わりにくいような場面もあり，保育者が子どもの言葉を補ったり状況の説明をすることもみられた。事例BⅢ-1で保育者がBの「Bのばんじゅーん（じゅんばん）」という言葉を，保育者が「B，待ってるのね」と説明する場面がある。この場面では，研究2の事例5.4でも取り上げたように，保育者が子どもの自己主張を受け止めて，分かりやすく言い換えている。その他に以下のような場面もみられた。

（事例BⅢ-4：3月11日）　事例BⅢ-1の続き。B（34ヵ月）が，G（女児，29ヵ月）がパズルを終えるのを待っている。Bの隣で待つD（女児，32ヵ月）が，Gのパズルをのぞき込み「あとでかしてね」と言う。BはDの顔を押しやって強い口調で「（次は）B！」と言う。保育者が「Bちゃんが使ったらDちゃん。Bちゃん終わったら」と介入すると，Dは「おわったら」と言う。保育者がDに「待ってられるの？」と聞くとDはうなずく。Bは「あとでかしてね，Dね」（実際はDに自分の後で使って欲しいと伝えたかったのかもしれない）と言うと，Dが「いいよ」と応じ，Bは「やったあ」と喜ぶ。

7章　研究4：歩行開始期の子ども同士のやりとりにおける自己主張の発達過程　125

　この事例では，Dが保育者の「おわったら」という言葉を取り入れてBに伝え，そのことで，Bは気持ちを切り替えて交渉が発展している。保育者が子どもの言葉を補うことで交渉が進むとともに，さらなる状況理解や交渉スキルの発達に貢献する可能性が考えられる。

7.3.3　Eの他児との主張的やりとりの発達過程

〈Ｉ期〉

　Eは7月生まれの女児である。保育者はEについて「近づいてくる相手をよーく見ていて『あっちいけ』する」と語っていた。実際に，近づいてくる他児を押しやったり，Eが他児を押しやってしたいことをしようする場面が多く観察された。

　（事例ＥⅠ-1：6月2日）　保育室でEが床に座っている。F（女児，21ヵ月）がハイハイでE（22ヵ月）に近づき，「あー」と言う（不快な口調ではない）。EはFの顔を押そうとし，Fはよける。保育者がEに「やめて」と言って2人の間に手を挟む。

　また，他児がEを押しやったり，Eに近づいてきて押そうとするのに対して，Eがより強く仕返ししようとする場面もあった。さらに，Bの歴史的ナラティブで取り上げた事例BⅠ-1のように，相手が金切り声で「だめ」と言ったのに対し，Eも同じように金切り声で「だめ」と言うなど，相手の不快情動の表出に触発されて不快情動を表出することもあった。このように，Ⅰ期には，相手の行動を不快に感じ，攻撃や金切り声で不快情動を表出し合って葛藤がエスカレートするやりとりが多く生じていた。一方で，Bと同様に，Ⅱ期以降につながるような変化の萌芽も生じていた。

　平静な口調による自己主張　6月後半以降，たとえば，保育者に「『いれて』っていうんでしょう」と言われて「いれて」と言う（6月26日）など，保育者に促されて平静な口調で働きかける場面がみられた。また，以下の事例のように自ら「いれて」と働きかけることもあった。

（事例ＥⅠ-2：7月18日）　Ａ（男児，27ヵ月）が保育室の隅のすきまに入っているところへ，Ｅ（23ヵ月）も入ろうとする。Ａは「だめ，だめ」と拒否する。Ｅは「いれて」と言いながらＡのことを押す。Ａは「あー」と金切り声を上げ，Ｅを叩く。Ｅは泣き出し，「いたいよー」と言って保育者のところへ行く。

　ただし，このエピソードでは，Ｅが「いれて」と言うと同時に相手のことを押したため，不快情動を表出し合うやりとりへと移行した。「いれて」と言うことの必要性は理解しているが，自分の意思を通したい気持ちが強く，相手の了解を得るところまでは至っていないようだった。

　さらに8月になると，研究3でも取り上げた事例6.2（Table 6.4）のように，「かーわってー」「だーめよー」といった平静な口調の自己主張によるターンが成立する場合もあった。しかし，「だめ」と言い合うことで不快情動を表出し合うやりとりに発展してしまい，お互いの意図を調整するようなやりとりはまだみられなかった。

　好意的な働きかけ　7月にはＡやＢに対して好意的な働きかけをする場面もあった。

（事例ＥⅠ-3：7月18日）　保育室で，保育者が水風船用の小さな風船をふくらませて子どもたちに渡して遊ばせている。その風船をＥ（23ヵ月）が「Ｂ，Ｂ，はい」と言ってＢ（男児，26ヵ月）に渡そうとする。これに対し，既に風船を持っているＢは「いらないよ」と言って去ろうとする。Ｅは「Ｂ，Ｂ」と追いかけるがＢは逃げる。

　Ｅが他児に対して反発するだけでなく，他児と友好的な関わりを持ちたい気持ちが芽生えてきたことがうかがえる。しかし一方で，同じ日に，ベランダから園庭をのぞきこんでいるＥの隣にＢがくると，「やだよ」と言ってＢを押そうとするなど，自分の領域に他児が来るのを嫌がる場面も依然としてみられた。

　保育者との関わり　Ｂの場合と同様，保育者は介入の際に「いれて」「か

して」などの交渉方略を提示しており，事例ＥＩ-2のようにＥが自分で「い
れて」と言える場合も出てきていた。また，保育者の介入が不満で泣きだし，
保育者とのやりとりで気持ちを収める場面がみられたこともＢとの共通点で
ある。

　一方，Ｅの特徴的な点としては，事例ＥＩ-2にみられたように保育者に助
けを求めに行ったり，下の事例のように保育者に対して自ら視線を向けたり
する場面が比較的多かったことが挙げられる。

　(事例ＥＩ-4：6月2日)　保育室で，Ｅ（22ヵ月）が，Ｉ（女児，16ヵ月）が持
　　　っているアンパンマンの玩具を取ろうとする。Ｉは引っ張って取り返す。Ｅ
　　　は「アンパンマン」と言って玩具を指さし，保育者の方を見る。Ｉは玩具を
　　　自分の方に引き寄せる。Ｅは，保育者が自分たちの方を見ていないのがわか
　　　ってその場を去る。

　保育者はＥについてⅠ期の終わりに「（甘えや主張を）出し放題」と語って
おり，ＥはⅠ期からⅡ期にかけて保育者の様子をよく見て，自ら積極的に援
助を求めていたのだろう。なお，観察した中でＢではこうした行動がみられ
た事例は一つだったが，Ｅでは7つの事例でみられた。

〈Ⅱ期〉

　Ⅱ期には，「だめ」「やだ」「いたいよ」などと平静な口調の発話によって
主張することが増加した。相手が自分の玩具を取ろうとしてもすぐに取り返
すのではなく，「だめ」と言いながら取り戻そうとするなど言葉でも主張し
ようとする様子がみられた。特に誕生月が前半の子どもたちでは，お互いに
平静な口調の発話で主張することが多くなっており，Ⅰ期の終わり頃に引き
続き，Ｃが「Ｃも（パズルを）つくりたい」と言うのに対し，Ｅが「だーめ
ーよーだ」と応じる（10月10日）など平静な口調の発話によるやりとりのター
ーンも成立していた。しかし，Ｅにおいては，こうしたやりとりから葛藤が
エスカレートする場面もみられ，ＢとＡや，ＢとＤとの間でみられたような
相手の意図を考慮する発話によって葛藤を調整するようなやりとりはⅡ期に

は観察されなかった。このことには，Eが7月生まれでやや月齢が低いということも関連しているかもしれない。一方，Ⅰ期においてもその萌芽がみられた他児との関係性の変化が，Ⅱ期にはやや発展した形でみられた。

相手の自己主張への応答　相手の主張に対して自分の主張を押し通そうとするだけでなく，相手の主張に応じる場面が観察された。

（事例EⅡ-1：10月10日）保育室で子どもたち数人が椅子に座り，テーブルの上で1人1つずつパズルをして遊んでいる。B（男児，29ヵ月）がE（26ヵ月）の方に身を乗り出し，「かして」と言う。完成した2つのパズルを持っていたEは，そのうちの1つをBに渡す。

この事例では，Eが既にパズルを完成させていたことや，パズルを2つ持っていたことにより，Bの要求に応じてパズルを渡すことができたのかもしれない。とはいえ，Eが相手の要求に応じる場面は，本研究の観察データにおいてはこれが初めてのものである。事例EⅠ-3のように自分が関わりたいという要求を一方的に示すだけでなく，状況が許せば相手の要求に応じられるようになってきたことは大きな変化である。

一緒に遊ぼうとする場面での自己主張　12月には，Bと一緒に遊ぼうとする場面での自己主張がみられた。

（事例EⅡ-2：12月11日）[8]空き部屋で，大型積み木をすべり台のような形に並べた上のところに，E（28ヵ月）が座り，「Bちゃん，こっちきて」と言って自分の膝を叩いてB（男児，31ヵ月）を呼ぶ。少し離れたところにいたBがやってきてEの前に座り，二人で一緒にすべり台をすべる。

Ⅰ期では，Eは自分の領域に他の子どもが侵入するのを拒否することが多かったが，ここではすべり台を一緒にすべるという遊びに自らBを呼んでいる。EがBを呼んでから一緒にすべるまでの流れを2人が共有しているよう

8）遊びに誘う場面だが，初めから同じ場にいて一緒に遊ぶ暗黙の了解があったわけではなく，Bは少し離れたところで自分のしたいことをしており，潜在的には葛藤が存在する可能性があるため分析に含めた。

7章　研究4：歩行開始期の子ども同士のやりとりにおける自己主張の発達過程　　129

に見受けられたので，以前にも同じ遊びをしたことがあるのかもしれない。Ⅱ期にはBも他児と関わる場面が増え，Eの要求を受け入れられるようになったことで，BとEの間で共同の遊びが成立するようになった。そして，Ⅲ期には，Eが他の子どもとも一緒に遊ぼうとすることが増加した。

保育者を介した自己主張　先述したように，Ⅰ期では保育者に視線を向ける，保育者に援助を求めるなどの場面がみられたが，Ⅱ期には，保育者を介して自己主張し，自分の要求を伝えようとする場面が観察された。

（事例EⅡ-3：12月11日）　空き部屋に大きな立方体型の枠組みの遊具を並べて置いてある。その一つにE（28ヵ月）が入っており，そこへⅠ（女児，22ヵ月）が入ろうとする。EはⅠを押し返す。保育者は「あら，いけない，いけない。みんなでねー。」と言う。Eは，「こっちからいけない。」と言って下に置いてあった絵本を触る。保育者は「うん。ご本があるからダメなの？」と確認する。Eは「うん」とうなずく。

（事例EⅡ-4：12月11日）　EⅡ-2と同じ場面。Eが入っている遊具へ今度はJ（男児，21ヵ月）が入ろうとする。Eは，保育者の顔を見ながら「Jちゃんも，はいんない。」と言う。保育者は「入んない？」と聞く。Eは「Jちゃんも，はいんない。」と言ってJを押す。保育者は「Jちゃんも入りたいんだよ。」と言う。

　これらの事例では，「だめ」や「やだ」という単純な表現だけでなく，絵本があるから入って来られないという状況を説明したり，誰に何をして欲しくないのかを伝えようとする，より精緻な表現を用いて保育者に訴えようとしている。そして，Ⅲ期には，他児に対してもさまざまな言語表現を用いて関わるようになった。

〈Ⅲ期〉

　Ⅲ期になると，Eの言語的な表現力がより豊かになると同時に，A, B, Dと一緒に遊ぼうとする場面がみられるようになった。子ども同士の直接的なやりとりが増えて，保育者に視線を向けたり，保育者を介したやりとりの場

面は減少した。

他児との親密な関係性　Ⅲ期には，他児と２人で一緒に遊ぶ場面で他の子どもが近づいてくるのを拒否するようなやりとりがみられた。

（事例ＥⅢ-1：１月21日）　保育室のままごとコーナー（段ボールで作った低い衝立のようなもので仕切られている）で，Ｅ（29ヵ月）とＤ（女児，30ヵ月）がままごとをしているところにＨ（男児，26ヵ月）が来る。Ｅは「きちゃだめだよ。」と言う。Ｄも「だめだもんねー。」と言う。Ｈは壁のところに立って様子を見ている。Ｅが「きちゃだめ。きちゃだめ」と言うと，Ｈはその場を去る。Ｅがさらに「きちゃだめだもんねー。」と言うと，Ｄは「まだあついもんねー。」（おそらく，ままごとで料理をする遊びをしているため）と言う。

　Ｈはやや月齢が小さく，遊びを邪魔することもあったため，Ｅはそれを防ぐために「きちゃだめ」と言ったのかもしれない。しかし，それだけではなく，ＤとＥは「だめだもんねー」「きちゃだめだもんねー」と互いに確認し合っており，２人が共有している場に他者が侵入してほしくない気持ちもあるように思われる。２人で遊びの世界を共有し，侵入者を拒否する親密な関係性が生じていることがうかがえる。

意図調整を含むやりとり　Ａとの間では，Ｅの「あとでかしてね」という発話によって交渉が成立するという《言葉による意図調整を含むやりとり》がみられた。

（事例ＥⅢ-2：２月19日）　保育室で，Ａ（男児，34ヵ月）が椅子に座ってテーブルの上で保育者とともに貼り絵の製作をしている。テーブルの上には，Ａに近いところに絵本が置いてある。Ｅ（30ヵ月）が近づいて絵本を指さして「おにだ」と言う。Ａは「これＡくんの！」と強い口調で言って体を伸ばして絵本を引き寄せるが，すぐに口調を弱めて「これＡくんの」と言う。保育者がＡの手をつかんで座らせる。Ｅは自分の方に絵本を引き寄せる。Ａは絵本を指さして「これＡくんの」と言う。Ｅは，「あとでかしてね，これね。」

と言うと，Aは「うん」とうなずく。Eは，「『うん』だって，『うん』だって」と嬉しそうに保育者に報告する。

　この事例において，Aは，（保育者が近くにいるせいもあるかもしれないが）Eに対して強い口調で主張した後にすぐに口調を弱めて言い直す。他児や保育者の反応を予測して情動表出に揺れが生じたように見受けられる。それに対し，Eの方も絵本をいったん自分の方に引き寄せるが，Aが再度「これAくんの」と主張するのに対して「あとでかしてね」と交渉している。Ⅱ期まではEが相手と主張し合った場合，葛藤がエスカレートすることが多く，このように行動を切り替えて交渉しようとするというのは大きな変化である。その後Eは，Aが「うん」と了解してくれたことを保育者に報告しており，Aが「うん」言ってくれたことが非常に嬉しかったことがうかがえる。このやりとりが交渉の成功体験としてEに大きな喜びを生じさせたのではないかと思われる。

　さらに上記のやりとりによってEの中でAと関わりたい気持ちが生じたのか，数分後，Eは絵本をAに差し出して読んでほしいと依頼する。Aは製作の途中だったため「まってて」と答えるやりとりが数回あった後，二人で一緒に絵本を読み始める。葛藤場面で交渉して相互に了解することができたことが，その後のこうしたEとAの関わりにつながったのかもしれない。

　そして，同じ日には研究3の事例6.5（Table 6.4）のように，Bに「あとでかわって」と伝えるやりとりがみられ，その後も葛藤場面で自らさまざまな交渉表現を用いて意図調整を図ろうとするようになった。無論，事例EⅢ-2以前にも意図調整の事例があった可能性はあるが，Eの喜びの表現は，この事例が他児との間で言葉による意図調整が成立し始めた時期の事例のうちの一つであることを示唆しているように思われる。

　それぞれの子どもとのやりとりの違い　Ⅲ期には，A，B，Dに対してEから積極的に働きかける場面が多かったが，それぞれの子どもとのやりとりには違いもみられた。Aは，Eが絵本を読んでというのに対して何度も「ま

ってて」と言ったり，Eが不快情動を示すと「Eちゃんにはみせてあげない」とその場を去ろうとするなど，Eからの働きかけをかわしつつ対応しているように見受けられた。一方，Bは，Bの歴史的ナラティブで指摘したように，Eの積極的な働きかけに多少押されて少し譲歩しながらも，高い交渉スキルで全面的には譲歩しない対応をしていた。月齢が近く同性のDとの間では，先に挙げた事例EⅢ-1のように2人で一緒に誘い合って遊ぶことがみられた。また，下の事例のように2人で一緒に遊ぶ場面で，お互いに主張し合って，明確な葛藤調整がなくそのままやりとりが終わる場面もいくつかみられた。

(事例EⅢ-3：1月29日)　保育室で，E（30ヵ月）がD（女児，30ヵ月）に「みてて。ばらばらいくよ。」と言って，テーブルの上でパズルをひっくり返す。Eは「ばらばらしようよ」と言ってさらにもう一つのパズルをひっくり返す。Dもパズルをひっくり返し，「ばー」と言いながらEがひっくり返したパズルのピースをばらばらになるように動かす。するとEは「だめ。Eちゃんのだよ，これは。」と言ってパズルのピースを集める。Dは自分が遊んでいたピースの方へ戻り，「これはDちゃんのだよ。」と言ってパズルを続ける。Eは「Dちゃん，（これは）Eちゃんのだよ。」と言って自分もパズルを始める。

保育者との関わりの変化　Ⅲ期には，保育者がEの言葉を補ったり状況の説明をする場面がみられ，こうしたやりとりの経験はBと共通していた。また，先述のように，Ⅱ期までにEに特徴的であった保育者に視線を向けたり助けを求める場面はⅢ期には減少し，事例Ⅲ-2のように子ども同士でやりとりすることの喜びを保育者にアピールする場面がみられた。さらに，EがAに絵本を読んで欲しいと頼んでいる場面で，保育者が「読んであげるね」と介入すると，Eは「Aくんがいいの」と言って，保育者に読んでもらうよりもAに読んでもらいたいと主張する場面もあった。このように，Ⅲ期には子ども同士の関わりにおいて世界を共有したり，意図を調整し合うことができるようになり，他児と通じ合う喜びを示すようになったのである。

7.4 総合的考察

　研究4では，関係的－歴史的アプローチに基づき，質的分析によって他児との主張的やりとりの発達の歴史を描き出すことを試みた。問題と目的で挙げた以下の検討課題について順に考察した後，全体のまとめと今後の課題を述べる。

(1)発達過程の検討：主張的やりとりの発達過程では，やりとりの過程や文脈におけるどのような変化が積み重なっていくのだろうか。

(2)発達過程の個別性の検討：個々の子どもの特質によって発達過程はどのように異なるのだろうか。

(3)それぞれの他児との関係性の検討：相手によってやりとりの展開過程や発達的変化への影響にどのような違いがみられるのだろうか。

(4)保育者の介入と発達過程との関連性の検討：保育者の介入が主張的やりとりの発達過程にどのように関連しているのだろうか。

7.4.1 子どもの発達過程の検討

　主張的やりとりの発達過程では，やりとりの過程や文脈におけるどのような変化が積み重なって大きな変化につながっていくのだろうか。研究4では，他児との主張的やりとりの発達過程をより詳細に検討した結果，Ⅰ期からやりとりのパターンの変化につながる変化の萌芽がみられることが見出された。

　まず，BとEに共通して，Ⅰ期から平静な口調の自己主張によって働きかける場合が出現していた。このような自己主張は，研究3でも指摘したようにⅠ期で優勢だったネガティブなやりとりのパターンを大きく変化させることはなかった。しかし，この時期に多くみられた不快情動の表出を伴う行動とは，質的に異なるものであった。Fogel et al.(2006)は，次の変化につながる変化を「革新（innovation）」と呼んでいる。革新はそれが生じた当初は

通常の範囲の変動を変化させることはなく，ある程度の時間をかけてパターンの変化を生じさせる変化の「種」として働くという。平静な口調で自己主張する場面は次第に増加しており，こうした経験が徐々に積み重なっていくことも，やりとりのパターンの変化につながっていった可能性が考えられる。すなわち，平静な口調の自己主張が，その後の変化の「種」として働いたかもしれない。

　また，研究3で示されたように，Ⅱ～Ⅲ期には，一方の子どもの相手の意図を考慮した発話によって，他方が情動や行動を調整する《言葉による意図調整を含むやりとり》が生じた。研究3では，こうしたやりとりが生じる背景として，他児の行動を動機づける意図の存在を理解できるようになることで，相手の不快情動に巻き込まれることなく，相手の意図を考慮した行動を取れるようになる可能性を指摘した。一方，本研究でやりとりの文脈を検討した結果，このことに他児との関係性が一緒に遊ぶ友好的な関係へと発展していったことも関連している可能性が示唆された。BとEに共通して，Ⅰ期では玩具を取られることに強く反発したり，他児が近づくことを不快に感じている様子が多く見受けられたが，Ⅱ期以降は他児と一緒に遊ぶ場面での自己主張がみられるようになったのである。他児と友好的な関わりを持ちたいという気持ちが，自分の主張を通したいという気持ちに揺れを生じさせ，相手の意図を考慮したり，行動や情動表出を調整したりするやりとりへの動機づけとなった可能性が考えられる。なお，こうした関係性の変化の萌芽はⅠ期に生じており，BがAと一緒に絵本を読む場面や，EがAやBに風船を渡そうとする場面がみられた。

7.4.2　発達過程の個別性

　前項で述べたのはBとEに共通してみられた点であるが，個々の子どもによって発達過程にはどのような違いがみられるのだろうか。

　BではⅡ期にAやDと一緒に遊ぶ場面で《言葉による意図調整を含むやり

とり》が生じていたが，ＥではこうしたやりとりはⅢ期にＡとの間で観察された。Ｅが他児と一緒に遊ぼうとする場面はⅡ期の終わり頃にＢとの間でみられ，Ⅲ期になってからＡ，Ｂ，Ｄとの関係性が一気に発展したように見受けられた。

　本研究の分析の結果，こうした他児との関係性の変化には，保育者との関係性も関連していることがうかがえた。Ⅰ期の観察終了後に実施したインタビューで，保育者はＢについて「すっごく甘えていたのが今は落ち着いている」と語っており，Ｂは特にⅠ期の前半に保育者に対して「甘え」を示していたのだと思われる。そして，Ⅱ期の初めに保育者と言葉で自己主張しながらやりとりする場面がみられた後は，他児に対して言葉で自己主張したり，意図調整をするやりとりが増加していった。一方，Ｅにおいては，Ⅰ～Ⅱ期に保育者に視線を向けたり，保育者に助けを求めたりする行動がより多くみられた。保育者はＥについてⅠ期の終わりに「（甘えや主張を）出し放題」と語っており，ＥはⅠ期からⅡ期にかけて自ら積極的に保育者の援助を求めていたのだと思われる。そして，Ⅱ期の後半に保育者を介して言葉で自分の主張を訴える場面がみられた後，Ⅲ期に他児とのやりとりに関心が向けられると，持ち前の積極性を他児に示し，豊かな言語表現で働きかけるようになっていった。

　このように，ＢとＥに共通して，保育者に「甘え」を示したり，保育者と言葉で自己主張しながらやりとりする経験が基盤となって，他児との友好的な関係性が生じ，意図調整を含むやりとりが出現したように見受けられた。しかし，Ｅの方がより積極的に保育者に援助を求めており，他児との意図調整を含むやりとりが出現する時期がＢの方がやや早いという違いがあった。一つには，Ｂの方が月齢が大きく（Ｂは４月生まれでＥは７月生まれ），意図理解の発達により相手の意図への関心が生じる時期がやや早かった可能性が考えられる。一方で，ＢとＥでは性格的にも違いがあるようだった。Ｂは他児の真似をするなど他児に同調する様子もみられたが，Ｅは自分のやりたいこ

とに集中する姿や自分のペースで他児に働きかけようとする様子が特徴的にみられ，より自分の要求を通したい気持ちが強いように見受けられた。そのため，Eは他児に自分の要求が伝わるようになるまでは，保育者を介して自分の要求を伝えようとすることが多かったのかもしれない。今後は，子どもの気質と発達過程との関連を検討するなど，発達過程の差異とその関連要因についてさらに詳細に検討することが必要だと考えられる。

7.4.3　それぞれの他児との関係性

　やりとりの展開過程や発達的変化は，やりとりの相手によってどのような違いがみられるのだろうか。BとEに共通して，特に月齢が近い子どもとの間で言葉によるやりとりがみられたが，分析の結果，個々の子どもとの関係性ややりとりの過程には以下のような違いがみられた。

　BはⅠ期からAと一緒に遊ぶ姿がみられ，Ⅱ期にかけてAにリードされながらやりとりし，Aからスキルフルな行動を取り入れていた。Ⅱ期にはDとも一緒に遊ぶようになり，やや月齢の高いBの方がリードしながら意図調整をするようになった。Ⅲ期なると，Dとのやりとりはより対等になる一方，積極的に交渉しようとするEに対しては多少の譲歩をしながらも，全面的には譲歩しない高い交渉スキルを示していた。このように，Bは他児の行動に応じて柔軟に対応しながら自己主張や交渉をしているように見受けられた。

　一方，EはⅠ期にAやBに風船を渡そうとする場面がみられたものの，他児と一緒に遊ぼうとする様子はあまりみられなかった。Ⅱ期の後半にBを滑り台に誘って一緒に遊ぶ場面がみられた後，Ⅲ期になるとA，B，Dとのやりとりが活発になった。そして，Aとの意図調整を含むやりとりをきっかけの一つとして，他児に自ら積極的に働きかけ，意図調整をしながら関わるようになった。AはEからの働きかけをかわしつつ対応しており，Bは先述のようにEに全面的には譲歩しない対応をしていた。月齢が近く同性のDとの間では，一緒に誘い合って遊ぶ親密な関わりを示し，より対等なやりとりが

なされているように見受けられた。

このように，それぞれの子どもが特性の異なる複数の相手とさまざまなやりとりを経験し，その経験から交渉方略を学んだり，個々の子どもの違いなどを感じ取っていくのかもしれない。ただし，それぞれの子どもとのやりとりが完全に独立しているわけではないようであった。ある子どもとの意図調整のやりとりの経験を一つのきっかけとして，他児との間でも意図調整がなされるようになるなど，特に月齢の近い子ども同士の関係では，ある子どもとの経験が他の子どもとのやりとりに影響する場合もあるようであった。

7.4.4　保育者の介入と発達過程との関連性

保育者の介入が主張的やりとりの発達過程にどのように関連しているのだろうか。

研究2でも示されたように，Ⅰ期には保育者が制止したり注意を転換したりすることが多かったが，保育者が交渉方略を提示する場合もあった。保育者の援助によって，あるいは自ら「かして」などの交渉方略を使用する場面はⅠ期にもみられ，保育者の介入からその必要性について学習していた可能性が考えられる。

また，7.4.2で指摘したように，BではⅠ期に，EではⅠ～Ⅱ期に保育者に対して不快情動を表出しながら訴えたり，保育者に援助を求める場面がみられ，その後は他児と一緒に遊ぶ場面が増加した。研究2でも考察したように，保育者に不快情動を受けとめてもらえる経験が保育者への信頼感につながり，それが他児との関係性の基盤となった可能性が考えられる。保育者との関係と子ども同士の関係の関連について検討した研究においても，保育者との関係が安定している子どもほど，子ども同士の関係性がよいことが示されている（Howes, Homilton, & Catherine, 1994）。

さらに，Ⅱ期に保育者との間で言葉で自己主張しながらやりとりする事例がみられた後，BではⅡ期以降，EではⅢ期以降に，他児に対しても言葉で

自己主張したり，意図調整するやりとりがみられるようになった。保育者と言葉で自己主張しながらやりとりする経験も，相手の状況や意図を理解したり，言葉で自己主張するやりとりの発達に貢献したのかもしれない。

Ⅲ期になると，保育者が導入したと思われる「あとで」や「まって」を含む交渉表現を子どもが自ら使用するようになった。また，子ども同士で意図調整しようとするやりとりが増加するが，お互いに意図が伝わりにくい場合には，保育者が子どもの言葉を補ったり状況の説明をする場面がみられた。研究2でも指摘したように，こうした介入がさらなる交渉スキルの発達に貢献する可能性が考えられる。

7.4.5　まとめと今後の課題

ここでは，BとEの歴史的ナラティブおよび上記の考察から他児との主張的やりとりの発達過程を要約する。最後に本研究の限界と今後の課題について述べる。

発達過程のまとめ　研究3でも示されたように，Ⅰ期には玩具の取り合いや不快情動を表出し合うことで葛藤がエスカレートするネガティブなパターンの主張的やりとりが優勢であった。しかし，保育者の介入などから学んだ言葉で主張したり交渉する方略を，保育者の援助のもとで，あるいは自ら使用する場面がみられ，この経験がその後の発達の「種」となった可能性が考えられる。保育者との関わりでは，不快情動を表出してそれを受けとめてもらうやりとりがみられ，こうした経験が保育者との信頼関係の形成につながり，他児との関係性が発展する基盤となったのではないかと考えられる。ところで，Ⅰ期は，2歳前後（Bでは生後25〜27ヵ月，Eでは22〜24ヵ月）の時期にあたる。木下（2011）は，2歳頃には自己と他者は意図を持ち，何らかの心理活動をする主体として表象されるようになるが，それぞれが独自の視点や心理的内容を持つ個別的な存在としてまでは認識されていない可能性を指摘している。個別性の認識が確立していないと考えられる，この時期の自己

は他者に影響を受けやすく，それゆえに他児の接近を過度に拒否したり，他児の不快情動に巻き込まれて葛藤がエスカレートする場面が多くみられたのではないだろうか。また，不安定な自己を支えてくれる存在として保育者を必要としていたように思われる。

　一方で，Ⅱ期になると，Bが他児に対して所有権を言葉で主張することが増える一方，他児と一緒に遊ぶ様子がみられるようになった。2歳後半に自他の個別性を認識するようになると（木下，2011），他児の情動や行動に過度に影響されずにより安定した関係性を結び，自分とは違う相手の意図に関心を向けるようにもなるのかもしれない。Bでは，11月に一方の相手の意図を考慮した発話によって他方が情動や行動を調整する《言葉による意図調整を含むやりとり》がAやDとの間でみられた。一方，Eでは，Ⅱ期に言葉で主張することが増えたものの，他児と一緒に遊ぶ関係性はⅡ期の終わり頃からⅢ期にかけて発展し，《言葉による意図調整を含むやりとり》はⅢ期になってからAとの間で観察された。こうした意図が通じ合うやりとりは，事例EⅢ-2のEが示しているように，交渉の成功体験として子どもに喜びを生じさせていた。そして，その経験が，研究3でも指摘したように，それまで優勢だった「葛藤がエスカレートするやりとり」のパターンを変化させるきっかけの一つとなった可能性が考えられる。また，BではⅡ期の前半に，EではⅡ期後半にみられた保育者と言葉で自己主張しながらやりとりする経験も，その後の子ども同士の言葉によるやりとりの増加に貢献した可能性が考えられる。

　Ⅲ期には，子ども同士で表象の世界を共有するようになる一方，「あとでかしてね」や「まってて」など保育者が導入したより豊かな交渉表現を使用しながら言葉で意図調整するようになった。ただし，お互いに意図が伝わりにくい場面で保育者が子どもの言葉を補ったり状況の説明をすることもあった。こうした保育者の介入が，さらなる交渉スキルの発達に貢献する可能性が考えられる。なお，他児との主張的やりとりの展開は，相手によって異な

っており，異なる相手とのさまざまなやりとりの経験を通じて交渉方略や他児の特性の違いなどを学ぶことが考えられる。

　以上のように，本研究では，研究3で示されたやりとりのパターンの変化につながる変化の萌芽がⅠ期からみられることが示された。また，主張的やりとりの発達過程は他児や保育者との関係性と連動しており，Ⅱ期以降に言葉による意図調整を含むやりとりが出現する背景には，保育者との信頼関係が基盤となって他児との友好的な関係性が発展してくることが関わっている可能性が示唆された。ただし，こうした保育者との関係性や変化の時期は子どもの特性によって異なっており，また，他児とのやりとりの過程は相手の子どもの特性との組み合わせによって異なっていた。自己主張の発達過程を理解するにあたっては，先行研究で指摘されてきた子ども個人の認知的・社会情動的スキルの発達だけでなく，他児や保育者との関係性，さらにそれぞれの関係性の絡み合いにも着目する必要性が示唆された。

　今後の課題　本研究では，BとEの2人の子どもを対象として発達過程の質的分析を行なった。こうした少数のケースを対象とした場合，一般化可能性には限界がある。ケース研究で生成されるのは，新しいケースへの適用が潜在的に可能な説明であり（Willig, 2003），関係的－歴史的アプローチでは，検証していくべき仮説を提示することを目指している（Fogel et al., 2006）。今後，より多くのケースを参照することで，本研究で得られた知見がどの程度あてはまるのかを検証していくとともに，発達過程の多様性についてさらなる検討を加えていくことが必要である。

　特に，方法の部分で述べたように，本研究では，主張的やりとりの多い2名を対象としたため，対象児は主張的な特性を持つと考えられる。今後はあまり主張的ではない子どもが，どのように他児に対する自己主張や他児との意図調整を発達させていくのかについても検討する必要があると考える。本研究が対象としたクラスにおいては，Cの自己主張があまり多くみられなかった。それだけではなく，Cは研究1や研究3の注で述べたように，Ⅲ期に

おいて保育者に甘えることが増え，他の子どもとの関わりがより減少したようであった。筆者は，保育者から「それまでCは保育者に甘えることを遠慮していたようだ」との話も聞いた。Ⅲ期に保育者に甘えるようになったことで，その後は他児に対してもより積極的な関わりができるようになった可能性も考えられる。この時期には，子ども同士の関係性と保育者との関係性が力動的に絡み合いながら長期的な変化を遂げていく可能性も考えられ，今後はより長期的な縦断観察を行なう必要があるだろう。

　また，本研究では，他児や保育者との関係性について，自己主張を含むやりとりの事例のみを対象とした検討から推測している。しかし，他児や保育者との関係性は，これ以外のやりとりにおいても発展すると考えられる。今後は，他児や保育者との関係性をさまざまな文脈でみていき，関係性の発展と自己主張の発達との関連性についてより精緻な検討を行なう必要があると考えられる。

　最後に，質的分析の信憑性に関し，本研究においては，約1年にわたって研究協力者と関わり，観察調査を開始した2003年から2012年に至るまで，繰り返し録画データと文字データを参照しながら自己主張の発達に関する分析を進め，研究のプロセスにおいて他の研究者の意見を聞いた。しかし，本研究で得られた知見が妥当であるのか，主張的やりとりの発達過程を理解するのに有用であるのかについて，さらに他の研究者や保育者と意見交換をしたり，観察を積み重ねることで確認するとともに，さらにそれを精緻化していくことが求められる。

第4部
総　　括

8章 結 論

　本論文の目的は，保育所の1歳児クラスにおける縦断的観察データについて，「関係的―歴史的アプローチ」を参照しながら，子ども同士のやりとりにおいて言葉による自己主張が生じてくる過程を，保育者の関わりを含めて詳細に明らかにすることであった。

　研究の構成としては，研究1と研究2においては関係的―歴史的アプローチの準備を行ない，研究3と研究4では関係的―歴史的アプローチを参照した分析を行なった。以下では，まず，研究1〜研究4において示唆されたことをまとめる。その際に，それぞれの研究で，2章で提示した検討課題のうちのどの課題に取り組み，どのようなことが示唆されたのかを説明する。それぞれの課題について示唆された点については，Table 8.1.1，Table 8.1.2にも簡潔にまとめた。次に，研究1〜研究4の知見を関係的―歴史的アプローチの視点から考察した上で，関係的―歴史的アプローチによって検討できたことと検討できなかったことを整理する。さらに，本論文の知見から得られる実践的示唆を述べ，最後に今後の課題を提示する。

8.1　研究1〜研究4において示唆されたこと

8.1.1　研究1「歩行開始期の仲間関係における自己主張の発達的変化―自己主張に伴う情動的側面と発達的軌跡の違いを考慮した分析―」において示唆されたこと

　研究1では，関係的―歴史的アプローチの準備として，自己主張の「カテゴリーの作成」および，「発達的移行の内容と時期の検討」を行なった。まず，1章において整理した自己主張の定義に基づいて仲間関係における自己

146 第4部 総 括

Table 8.1.1 それぞれの課題について示唆されたこと(1)

課題1：個々の子どもの発達の道筋の検討	
研究1	子どもの誕生月による潜在曲線モデルを用い，誕生月の違いによって発達的変化のパターンが多岐に亘る可能性を考慮した分析を行なった。その結果，多くの自己主張のカテゴリーで，誕生月の違いによって発達的変化のパターンが異なることが示された。
研究4	B児とE児を対象として，それぞれの子どもが経験した主張的やりとりの発達過程を質的に分析した。子どもの性格や月齢により，他者との関わり方や発達的変化のタイミングが異なることが示唆された。
課題2：発達的変化の過程の検討	
研究3	Ⅰ期には，平静な口調による自己主張が生じても，葛藤がエスカレートするやりとりのパターンを大きく変化させることはなかった。こうしたパターンを変化させるやりとりとして，Ⅱ期～Ⅲ期において，一方の子どもの相手の意図を考慮する発話が，相手の不快情動や行動の調整を促す《言葉による意図調整を含むやりとり》が出現することが見出された。この時期には意図理解の発達に伴い，相手の意図を考慮した行動を取れるようになる可能性が考察された。さらに，Ⅲ期になると，「あとで」や「まって」を含む交渉的表現が示されるようになり，初めに順番や遊びについて言葉で相互理解を形成するやりとりがなされるようになることが示された。
研究4	Ⅰ期に生じる平静な口調による自己主張や他児に対する友好的な働きかけややりとりは，この時期に優勢なネガティブなやりとりのパターンをすぐに変化させることはないが，その後の変化の「種」となる可能性が考察された。また，《言葉による意図調整を含むやりとり》が出現する背景として，子ども同士の関係性が友好的な関係に変化することが関わっている可能性が示唆された。他児と友好的な関わりを持ちたいという気持ちが，自分の主張を通したいという気持ちにゆらぎを生じさせ，相手の意図を考慮したり，行動や情動表出を調整したりするやりとりへの動機づけとなったのではないかと考えられる。

主張を収集し，自己主張のカテゴリーを作成した。その際に，自己主張に伴う情動的側面の検討を行なうため，発声・発話の声の情動的トーンのコーディングも行なった。発達的変化の分析には潜在曲線モデルを用い，月齢（誕生月）の違いによって発達的変化のパターンが多岐にわたる可能性を考慮した分析を行なった。これは，2章で提示した課題1「個々の子どもの発達の道筋の検討」に対応している。その上で，自己主張の各カテゴリーについて個々の子どもの具体的な数値を参照し，各児の月齢が近くなる時点での発達

8 章 結 論　　147

Table 8.1.2　それぞれの課題について示唆されたこと(2)

課題3：子ども同士のやりとりの検討	
研究3	子ども同士の主張的やりとりを分析の対象とし，そのパターンを，【平静な声調の発話を含まないやりとり】，【平静な声調の発話とそれ以外の自己主張を含むやりとり】，【平静な声調の発話のみによるやりとり】に分類した。
研究4	相手による主張的やりとりの過程の違いについて検討した結果，当該児と相手の子どもの月齢や性格の組み合わせによって，やりとりの過程が異なることが示された。
課題4：保育者の介入とその後の子どもの自己主張の発達との関連の検討	
研究2	保育者は子どもの行動や情動状態，発達程度に応じた介入することが示され，保育者がそれぞれの行動の社会的意味や，葛藤調整の方法を効果的に学習する機会を提供している可能性が示唆された。
研究4	保育者との関係性が子ども同士の関係性の基盤となり，保育者と言葉で自己主張しながらやりとりする経験が他児と言葉でやりとりすることにつながる可能性が考察された。また，保育者が示した交渉方略を子どもが自ら使用するようになること，子ども同士で意図が伝わりにくい場面で保育者が言葉を補うことがさらなる交渉スキルの発達に貢献する可能性が示唆された。

　的特徴の共通性を探った。この結果から，関係的—歴史的アプローチにより検討する発達的移行の内容と時期の特定を行なった。研究1の結果として示されたのは以下の内容である。

　まず，潜在曲線モデルの分析の結果，誕生月の違いによって発達的変化のパターンが異なっていた。このことから，特に低年齢のクラス集団を対象とする場合，個々の子どもの発達的軌跡を考慮した分析を行なう必要性が実証的に示された。さらに，声の情動的トーンを含む各カテゴリーの発達的特徴を検討した結果，以下の発達的変化の傾向が見出された。1歳前半には発声による働きかけが特徴的にみられる。1歳後半から攻撃行動等，他者の身体に向けた行動が増加し，2歳頃には言葉の発達により，発話の声に不快情動を伴うようになる。こうして，2歳前後の時期には，他児に対して頻繁に不快情動が表出される。一方で，2歳頃から自他の状況を説明する発話が示され始め，2歳後半にかけて，不快情動の表出や身体的行動を伴わない発話や，

148 第4部 総 括

要求を調整する発話など，よりスキルフルな自己主張の割合が増加する。

　以上のように，研究1では，自己主張の発達的変化を検討したところ，2歳前後をピークとして不快情動の表出は減少し，2歳後半にかけて不快情動の表出を伴わずに言葉で自己主張することが増えることが示された。研究3および研究4においては，主に上記のような2歳代の変化に焦点を当て，その発達過程を分析することとした。

8.1.2　研究2「歩行開始期の仲間関係における自己主張に対する保育者の介入－子どもの自己主張の仕方に応じた保育者の介入に関する検討－」において示唆されたこと

　研究2では，課題5「保育者の介入と子どもの自己主張の発達との関連の検討」を行なうにあたり，子どもの自己主張に対する保育者の介入の内容についてのカテゴリーを作成した。さらに，子どもの自己主張の仕方に応じた保育者の介入に関する検討を行なった。

　まず，保育者の介入の内容のカテゴリーは，先行研究（朝生ほか，1991；本郷ほか，1991）を参考にして作成し，分類を行なった。その結果，保育者の介入は，ほぼ先行研究と内容的に類似したカテゴリーで分類することが可能であった。本研究で対象とした保育所の保育者の介入の内容は，先行研究が対象とした保育所の保育者とある程度共通していることが確認された。

　次に，子どものどのような自己主張に対してどのような介入をするのかを検討した結果，以下の点が示された。まず，子どもが攻撃行動を示したり，相手の物を取るなどした場合には，保育者が制止することが多かった。エスカレートすると危険な行為や社会的ルールに反する行為に対しては制止することが必要であり，子どもは繰り返し制止を受けることでこうした行為が望ましくないことを学習すると考えられる。また，泣きや不快な声調の発話などにより不快情動が表出された場合には，保育者は子どもを慰めたり共感したりすることで，子どもの気持ちを受け止め，収めようとすることが多かっ

た。このような対応によって，子どもの保育者への信頼感や情動調整スキル等の発達が促される可能性が考えられる。一方，子どもが平静な声調で自己主張する場面では，葛藤調整のための方略を提示することが多くみられた。情動が落ち着いている場面では，子どもが葛藤解決のための方略を受け入れやすく，それを学習できる可能性が高くなるかもしれない。

　こうした保育者の介入には子どもの発達に伴う変化もみられた。子どもが2歳後半になると，泣きや不快な声調の発話に対しても，保育者は状況を説明したり葛藤調整のための方略を提示することが多くなった。子どもの発達に伴い，子ども自身が状況を理解し，自分で気持ちを収めることや，スキルフルなやりとりをすることを期待して働きかけるようになると考えられる。

　以上の結果から，保育者は子どもの行動や情動状態，発達程度に応じた介入することが示され，保育者がそれぞれの行動の社会的意味や，葛藤調整の方法を効果的に学習する機会を提供している可能性が考察された。研究4では，こうした介入が，その後の子どもの自己主張の発達とどのように関連しているのかについて，より詳細な検討をすることとした。

8.1.3　研究3「歩行開始期の仲間関係における主張的やりとりの発達過程 ―発達過程の共通性に着目した検討―」において示唆されたこと

　研究3では，対人関係における変化過程を検討する関係的―歴史的アプローチを参照しながら，主張的やりとりの発達過程を検討した。特に，それぞれの子どもが経験するやりとりに共通する発達過程を分析した。これは，課題3「子ども同士のやりとりの検討」と，課題4「発達的変化の過程の検討」にあたる。分析においては，研究1で示された「2歳前後に不快情動の表出を伴う自己主張の割合が減少に転じ，2歳後半には不快情動の表出を伴わない言葉による自己主張の割合が増加する」という2歳代の発達的変化に焦点を当てた。検討した問いは(1)2歳代において，主張的やりとりにどのようなパターンがみられ，それぞれのパターンはどのような発達的軌跡をたど

るのか，⑵子ども同士の主張的やりとりの過程が，より具体的にはどのよう
に変化して，新しいパターンが出現したり増加したりするのかという２点で
ある。分析の結果として以下の点が明らかになった。

（１）主張的やりとりのパターンの分類と各パターンの発達的軌跡　事例
の文字記録を何度も見直し，主張的やりとりのパターンを以下の３つに分類
した。やりとりにおいて①両方の子どもが平静な声調の発話を全く示さない
場合を【平静な声調の発話を含まないやりとり】，②両方，あるいはいずれ
かの子どもによって，平静な声調の発話が一つ以上示され，それ以外の形態
の自己主張も示される場合を【平静な声調の発話とそれ以外の自己主張を含
むやりとり】，③両方の子どもが平静な声調の発話のみを示す場合を【平静
な声調の発話のみによるやりとり】とした。さらに，子どもごとに，他児と
の間で生じた主張的やりとりの各パターンの発達的変化の軌跡を描いた。そ
の結果，Ⅲ期の事例数が極端に少なかったＣ児を除く４名の子どもに関して
はかなり類似した傾向がみられた。Ⅰ期には，【平静な声調の発話を含まな
いやりとり】の割合が高く，物の取り合いや攻撃，不快情動の表出を伴う発
話などによって葛藤がエスカレートするパターンが優勢であった。Ⅱ期には
【平静な声調の発話とそれ以外の自己主張を含むやりとり】が高い割合に達
した。これが新旧のやりとりのパターンの特徴を併せ持つ，移行的なやりと
りのパターンである可能性が考察された。Ⅲ期には，言葉で働きかけ言葉で
応答するというやりとりが成立するようになり，【平静な声調の発話のみに
よるやりとり】の割合が３割程度に増加した。

（２）主張的やりとりの展開過程の発達的変化　次に，こうしたやりとり
のパターンの変化がどのようにして生じるのかについての示唆を得るため，
やりとりの展開過程を詳しく検討した。その結果，Ⅰ期には，平静な口調の
発話が示される場合があるものの，拒否的な言葉が相手の不快を誘発して，
結局は葛藤がエスカレートするパターンへ移行してしまうことが多かった。
例えば，最初は平静な口調でお互いに「だめよ」と言い合うが，それだけで

は葛藤が解決せず，叩き合いに発展してしまう場面などがみられた。

　不快情動を表出し合わずに，言葉で主張しながらやりとりを終結させるためには，こうした不快を誘発し合うパターンが変化する必要があると考えられる。そこで，そのような変化を探索したところ，Ⅱ期〜Ⅲ期に，葛藤がエスカレートしそうな場面で，一方の子どもが相手の意図を考慮する発話を示すことで，相手が不快情動や行動を調整し，さらにその後に交渉が展開する場合が見出された。こうした《言葉による意図調整を含むやりとり》の経験は，双方の子どもにとって言葉による交渉の"成功"として体験され，他児と言葉で意図を共有できるという認識を促す可能性が考えられる。このことから，不快情動を表出せずに言葉でやりとりするパターンへの橋渡しの一部を担う可能性が考察された。

　さらにⅢ期になると，「あとで」や「まって」を含む交渉的表現がみられるようになり，初めに順番や遊びについて言葉で相互理解を形成するやりとりも出現した。こうした相互理解のもとで，手伝うことを装いながら相手の玩具を使用するなど，相手の様子を見ながら自分の要求も満たそうとする巧妙な意図調整を展開する場合もあった。

　以上のように，研究3では，2歳代の子ども同士の主張的やりとりが，情動や行動の相互調整の過程を含みつつ再組織化され，強い不快情動の表出を伴わずに言葉で意図調整を行なうやりとりのパターンが成立してくる過程を示すことができたと考える。

8.1.4　研究4「歩行開始期の子ども同士のやりとりにおける自己主張の発達過程―発達過程の個別性や保育者の介入との関連に着目した質的分析―」において示唆されたこと

　研究3では，主張的やりとりに関し，主に子ども間で共通する発達過程に焦点を当てて検討を行なった。しかし，子どもが他児とのやりとりにおいてどのように発達していったのかという発達の歴史を精緻に明らかにするため

には，個々の子どもの発達過程について，やりとりの文脈も含めてより詳細な質的分析を行なう必要があると考えられる。また，研究3で検討することができなかった，相手によるやりとりの展開の違いや，保育者の介入と主張的やりとりの発達との関連についても検討する必要がある。そこで，研究4では，(1)より詳細な発達の過程，(2)発達過程の個別性，(3)それぞれの他児との関係性，(4)保育者の介入と発達過程との関連性に着目しながら，主張的やりとりの発達過程を質的分析によってより精緻に描き出すことを目的とした。すなわち，研究4では，課題1「個々の子どもの発達の道筋の検討」，課題2「発達的変化の過程の検討」，課題3「子ども同士のやりとりの検討」，課題5「保育者の介入と子どもの自己主張の発達との関連の検討」を統合的に行なうことを目指した。

分析においては，関係的—歴史的アプローチにおけるナラティブ分析の手順（Fogel et al., 2006; Lavelli et al., 2005; Pantoja, 2001）を参照した。対象児は，主張的やりとりの事例が多くみられたB児（男児，4月生まれ）とE児（女児，7月生まれ）とし，それぞれの子どもが経験した主張的やりとりを通じた自己主張の発達過程を記述した。その結果，以下の点が示唆された。

（1）**発達過程の検討**　BとEに共通してI期から平静な口調による自己主張がみられた。これがある程度の時間をかけてパターンの変化を生じさせる変化の種として働く「革新」（Fogel et al., 2006）として捉えることができる可能性が考察された。

また，I期にみられた他児との友好的なやりとりの萌芽が，II期からIII期にかけて発展し，他児と一緒に遊ぶ場面や一緒に遊ぼうとする場面での主張的やりとりがみられるようになった。こうした関係性の変化によって生じた，他児と友好的な関わりを持ちたいという気持ちが，自分の主張を通したいという気持ちに揺れを生じさせ，行動や情動表出を調整したり，相手の意図を考慮したりすることへの動機づけとなったことが考えられる。

（2）**発達過程の個別性**　研究3でやりとりのパターンの変化のきっかけ

である可能性が示唆された．相手の意図を考慮する発話が行動や情動の調整を促すやりとりの出現の時期は，BとEで異なっており，BではⅡ期に，EではⅢ期に観察された。これは，他児との関係性と対応しており，BはⅡ期にAやDと一緒に遊ぶ場面がみられるようになったが，EではⅢ期になってからA，B，Dとの関わりが増加した。こうした他児との関係性の変化には，保育者との関係性も関連しているように見受けられた。BはⅠ期の前半に保育者への信頼感を築き，それを基盤として他児との関わりを発展させていったようであった。一方で，Eは，Ⅰ期からⅡ期にかけて保育者に視線を向けたり，援助を求める場面が多く，Ⅱ期の後半には保育者を介して言葉で自分の主張を訴える場面がみられた。こうした保育者とのやりとりを通じて，Eはやや時間をかけて保育者への信頼感や言葉で主張するスキルを発達させていったのかもしれない。そして，Ⅲ期に入るとより積極的に他児に対して働きかけるようになった。このように，BとEは，保育者との関係性を基盤としつつ，それぞれの発達程度や性格に応じたタイミングで他児との関係性を発展させていったように見受けられた。

（3）それぞれの他児との関係性　他児とのやりとりは，対象児とそれぞれの相手の月齢や性格等の組み合わせによって異なっていた。それぞれの子どもとのさまざまなやりとりの経験から交渉方略を学ぶとともに，個々の子どもの特性の違いなどを感じ取っていく可能性が考えられる。ただし，クラス集団におけるやりとりの経験は，個々の相手との経験が完全に独立しているのではなく，ある子どもとの経験が他の子どもとのやりとりに般化される場合があるように見受けられた。

（4）保育者の介入と発達過程との関連性　Ⅰ期には，子どもが不快情動を表出しながら保育者に訴えるのを保育者が受け止める対応がみられた。こうした対応が子どもの保育者への信頼感を育て，保育所における関係性の基盤の形成につながる可能性が考えられる。また，Ⅱ期に保育者と言葉で自己主張しながらやりとりする場面がみられた後に，他児と言葉でやりとりする

場面が多くみられるようになった。このことから，保育者と言葉で自己主張
しながらやりとりする経験も，他児の状況や意図を理解したり，言葉で自己
主張するやりとりの発達につながっているかもしれない。さらに，保育者が
導入した交渉方略を子どもが自ら用いる場面がみられ，保育者から交渉方略
を学習していることが示された。子ども同士で言葉でやりとりするようにな
るⅢ期でも，意図が伝わりにくい場合には保育者が言葉を補っており，こう
した対応がさらなる交渉スキルの発達に貢献する可能性が考えられる。

　以上の(1)〜(4)から，保育者への信頼感が基盤となって他児との友好的な関
係性が形成されることで，不快情動を伴わずに言葉で自己主張し合いながら
意図調整するやりとりが発達してくることが示唆された。ただし，そうした
発達的変化のタイミングやその様相は，個々の子どもや相手によっても異な
ることが示された。

8.2　関係的－歴史的アプローチの視点からの考察

　本論文では，歩行開始期の子ども同士のやりとりにおける自己主張の発達
過程について，関係的－歴史的アプローチを参照しながら検討した。以下に，
自己主張の発達過程についての理解をより深めるため，研究1〜研究4で得
られた知見が，関係的－歴史的アプローチの枠組みにおいてどのように解釈
できるかについての考察を行なう。さらに，関係的－歴史的アプローチを適
用したことで検討できたことと検討できなかったことについて整理する。

8.2.1　関係的－歴史的アプローチからの解釈

　関係的－歴史的アプローチでは，関係を「発達するやりとりのシステム」
と捉えている（Fogel et al., 2006)。Fogel らによると，社会的やりとりにおけ
る相互調整からやりとりのパターンや秩序が出現する過程は，「自己組織化
(self-organization)」として捉えられる（Fogel, 1993; Fogel et al., 2006; Fogel &

8章 結 論　155

Thelen, 1987; Lavelli et al., 2005)。自己組織化とは，システムの複数の構成要素が一緒に働いて他の構成要素の行為を制約し，複雑なシステムが「アトラクター (attractor)」と呼ばれる安定したパターンにまとまる過程のことである (Fogel et al., 2006)。研究3において，2歳代の子どもの他児とのやりとりのパターンを分析した結果，2歳前半の時期にあたるⅠ期には，物の取り合いや攻撃，不快情動の表出を伴う発話などによって葛藤がエスカレートするやりとりのパターンが優勢であった。この時期には，こうしたネガティブなパターンのやりとりがアトラクターであったと考えられる。一方，2歳後半の時期にあたるⅢ期には，お互いに不快情動を表出せずに言葉のみでやりとりするパターンが増加しており，やりとりのパターンが変化していた。

　こうしたやりとりのパターンの変化はどのように生じるのだろうか。Fogel et al., (2006) はやりとりのパターン (Fogel らは「フレーム」と呼んでいる) の変化過程に関し，以下のような提起を行なっている。

　第一に，変化は(1)歴史的フレームが優勢な時期，(2)橋渡しのフレームが優勢な時期，(3)新しいフレームが出現して優勢になる時期の3つの時期を経るという。すなわち，古いやりとりのパターンから新しいやりとりのパターンへの移行が直接に生じるのではなく，移行期には新旧の特徴を併せ持ち，橋渡しの役割を果たすやりとりのパターンが優勢となるというのである。研究3においては，Ⅰ期に多かった【平静な声調の発話を含まないやりとり】がⅡ期以降は減少する一方，【平静な声調の発話とそれ以外の自己主張を含むやりとり】がⅡ期に優勢になり，Ⅲ期には【平静な声調の発話のみによるやりとり】が出現・増加しており，それぞれ歴史的フレーム，橋渡しのフレーム，新しいフレームと対応する変化の特徴を示すことが見出された。ただし，【平静な声調の発話のみによるやりとり】はⅢ期でも3割前後であり，優勢といえるほどには増加しなかった。その理由の一つは，Ⅲ期にも，体調や機嫌が悪かったり，順番の待ち時間が長くなるなど，状況によっては不快情動がエスカレートする場合があったことである。もう一つには，例えば相手の

156 第4部 総 括

遊びを手伝うことを装いながら相手の玩具を使用するなど，言葉以外の方法で巧妙な意図調整をする場面もみられたことが挙げられる。主張的やりとりのパターンは，単に不快情動を表出せずに言葉でやりとりするパターンに変化するだけでなく，相互に意図調整しながらやりとりするという要素も含むようになるのだろう。今後の研究では，意図調整についても考慮したやりとりのパターンの分類を試みる必要があると考える。

　第二に，フレーム間の変化がどのように生じるのかに関して，Fogel et al., (2006) はレベル1からレベル3の変化を提案している。レベル1の変化とは，やりとりの参加者に「通常の変動」として知覚される変化である。Fogel et al.(2006) は，あるカップルが友達同士として定期的にランチを食べるという例を挙げている。彼らは常に同じレストランで食べるとは限らないが，こうした変化は通常の範囲内の出来事として知覚される。一方，レベル2の変化は，やりとりの参加者に新しい変化として知覚される「革新」ともいうべき変化である。先程の例でいえば，特別に高級なレストランでランチを食べたり，ディナーのために会ったりする場合が考えられる。こうした変化は，それが初めてあらわれたときには，それまでの基本的なパターンを大きく変えることはない。しかし，こうした変化のいくつかが"拡大され"，新しいパターンへと発達する変化の種として働く。レベル3の変化は，やりとりのパターンの再組織化による「発達的変化」である。先述のカップルの例では，ディナーに行ったことで2人の親密性が増し，ディナーに行く回数が増えるかもしれない。さらに，2人の関係が恋人関係へと発展すれば，レベル3の変化が生じたといえるだろう。

　Fogel et al.(2006) は，分析の対象とした母子の多くにみられる変化過程は，下に示したモデルに適合するものであったと述べている。

$$(level1^{\alpha}) + (level2^{\alpha})_{period\,\alpha} \rightarrow (level1^{\beta} (level1^{\alpha} + level2^{\alpha} + level2^{\alpha'})$$
$$+ level2^{\beta})_{period\,\beta} \rightarrow (level3)_{period\,\gamma}$$

このモデルは，以下のような変化過程を示している。α期には，通常の変

動（level1$^\alpha$）と革新（level2$^\alpha$）の両方を含むが，革新はこの時期の通常の変動を変化させることはない。β期の通常の変動（level1$^\beta$）には，α期の通常の変動（level1$^\alpha$），α期の革新（level2$^\alpha$），α期の革新の発展形（level2$^{\alpha'}$）を含むとともに，β期の革新（level2$^\beta$）があらわれる。さらに，γ期には，レベル3の再組織化（level3）$_{period\gamma}$が生じる。

　研究4で他児との主張的やりとりの変化過程を分析した結果は，このモデルにある程度類似していたと考えられる（Figure 8.1の左側参照）。Ⅰ期には，ネガティブなやりとりのパターンが優勢である一方（Ⅰ期の通常の変動：level1^{Ⅰ}），平静な口調の自己主張や他児に対する友好的な働きかけがみられた（Ⅰ期の革新：level2^{Ⅰ}）。そして，Ⅱ期には，ネガティブなやりとりのパターン（Ⅰ期の通常の変動：level1^{Ⅰ}）だけでなく，平静な口調の自己主張（Ⅰ期の革新：level2^{Ⅰ}），所有に関する発話などより精緻な表現による自己主張や，他児との友好的なやりとりにおける自己主張（Ⅰ期の革新の発展：level2$^{Ⅰ'}$）が増加する。一方，相手の意図を考慮する発話によって行動や情動の調整がなされる《言葉による意図調整を含むやりとり》が生じた（level2^{Ⅱ}）。このやりとりは，特にそれまでのパターンを変化させる大きな変化であったと考えられる。さらに，Ⅲ期になると，平静な口調の発話による自己主張のみでのやりとりが成立する場合が出現した（level3^{Ⅲ}）。相手の意図を考慮した交渉的表現によって，順番や遊びについて言葉で相互理解を形成するようになり，表象世界を共有して言葉でイメージのずれや順番をめぐる葛藤を調整する場合もみられるようになった。ただし，E児では，《言葉による意図調整を含むやりとり》はⅢ期にみられ，その後一気に他児との関係ややりとりの変化が進んだように見受けられた。

　2歳代に言葉による自己主張が出現することは先行研究でもある程度示唆されていたが，そうした変化の過程がどのように進むのかについてはあまり明らかにされていなかった。本論文の研究3と研究4では，関係的—歴史的アプローチを参照した分析によって，歩行開始期の主張的やりとりの再組織

158　第4部　総　括

化過程についての示唆が得られたと考える。

　一方で，Figure 8.1の右側に示したように，保育者の関わりや保育者との関係性も発達的変化に寄与している可能性が示唆された。Fogel et al.(2006)が検討の対象としている生後4ヵ月頃の母子のやりとりの変化には，その他の人との関係性が関わる余地はあまりないかもしれない。しかし，そのときどきのやりとりの当事者以外の人がどのように関わったのかも検討に含める必要があると考える。ただし，第7章の注1）でも指摘したように，保育の場における関係性のシステムを考える場合には，Figure 8.1のように保育者の関わりを子ども同士の関係性に影響を当てる外部の要因として捉えるのではなく，むしろ，子どもと保育者すべてを含む関係システムとして捉える必要があるかもしれない。しかし，この場合，捉えるべき関係システムの複雑性が増し，本研究で検討できる範囲を超えていた。子どもと保育者すべてを含む，保育の場におけるより包括的な関係システムを検討することは，今後の課題とする。

8.2.2　関係的―歴史的アプローチを適用したことで検討できたこと・検討できなかったこと

　これまでにも述べたように，本論文では，特に，課題1「個々の子どもの発達の道筋の検討」，課題2「発達的変化の過程の検討」，課題3「子ども同士のやりとりの検討」に対して有効なアプローチであると考え，関係的－歴史的アプローチを参照した。ただし，このアプローチが提案されたのは，比較的最近のことであり（Fogel et al., 2006; Lavelli et al., 2005），研究アプローチとしていまだ十分に確立されているとはいえないだろう。現段階では，実際に適用してみてその利点や改善点を議論していく必要があると考える。ここでは，本論文の各課題に対し関係的―歴史的アプローチを適用したことで検討できたことと，うまく検討できなかったことを整理する。

　課題1「個々の子どもの発達の道筋の検討」　関係的―歴史的アプローチ

8章 結論　159

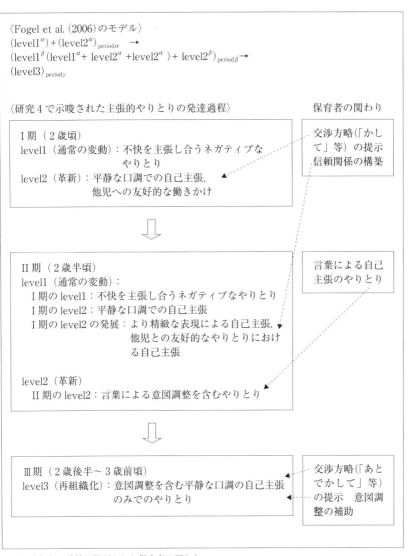

注．点線矢印は貢献が推測された保育者の関わり

Figure 8.1　主張的やりとりの発達過程

160　第4部　総　括

では，複数のケースの個別の発達的軌跡に焦点を当て，共通点や相違点を検討する（多元的ケース研究）。本研究では，関係性そのものをケースとするのではなく，個々の子どもをケースとし，子どもが他児との間で経験するやりとりを分析した。研究3では，子どもが他児との間で経験した主張的やりとりのパターンの発達的軌跡を描出し，その共通性を見出した。また，研究4では，2人の子どもについて，それぞれが経験した子ども同士の主張的やりとりの発達過程を質的分析によって詳細に検討し，その共通性とともに個別性についても検討を行なった。これらの分析により，従来の研究でよく用いられる平均値等の推移によって発達的変化を検討する方法に比べて，個の発達に迫ることができたと考える。

　ただし，3章でも指摘したように，関係的－歴史的アプローチでは，やりとりの変化と連動する個の発達的変化をどう捉えるのかが明確ではない。本研究でも，やりとりのパターンの発達過程と個別の発達過程の関連について十分に検討できたとはいえない。この点に関するさらなる検討は今後の課題とする。

　課題2「発達的変化の過程の検討」　関係的－歴史的アプローチでは，発達的移行期に頻回の観察を行ない，変化過程の検討を行なう（微視発生的方法）。本論文においては，観察の回数が十分ではなかった可能性は否めないものの，研究3と研究4では観察データ（文字記録や録画記録）を時系列順に並べて繰り返し参照し，どのように変化が生じたのかについての分析を行なった。それにより，先行研究に比べるとより詳細に発達過程を検討できたと考える。

　一方で，Fogel et al.(2006)では，特に，質的分析の方法については，その手順がそれほど詳しく述べられているわけではない。研究4の質的分析では，Fogel et al.(2006)が参照しているPolkinghorne(1995)のナラティブ分析も参考にしつつ，自分なりに試行錯誤を繰り返した。特に，複数のケースについて詳細な記述を行なおうとすると，研究全体が冗長になりがちであり

苦心した。いかに個々のケースの発達過程の記述を行なうかについて，その方法を精緻化することが必要であると考える。今後は，発達過程を質的に分析する過程を研究者間で共有し，議論しながら，その方法をより精緻化していくことが必要であろう。

課題3「子ども同士のやりとりの検討」　関係的―歴史的アプローチでは，やりとりのパターンを分類してその移行過程を分析する（フレーム分析）。研究3では，主張的やりとりのパターンを分類してその発達的軌跡を検討した。この方法により，従来の方法で検討されてきたそれぞれの"行為"の発達的変化だけでなく，"やりとり"の発達的変化を量的分析によって把握することができた。また，研究1の結果より，不快情動の表出や物の取り合いなどのやりとりから，不快情動を伴わない言葉によるやりとりへの変化が予想されたが，Fogel et al.（2006）を参考にすることで，その両方を含む移行的なやりとりのパターンを見出すことができた。

　しかし，やりとりのパターンの分類の仕方は必ずしも一つではなく，研究者が分類の観点を定める必要がある。研究3では，文字記録を繰り返し読み，本論文の目的や先行研究の知見等も鑑みて，「平静な口調の発話の有無」という観点から分類を行なった。一方で，やりとりの過程をより詳しく分析していくと，発達に伴って平静な口調の発話が増加するだけでなく，相互に意図を調整するやりとりが生じることが明らかになった。そして，例えば，相手の遊びを手伝うことを装いながら玩具を使用するなど，言葉によらない相互調整的行動もみられるようになったのである。こうした場合は研究3の分類パターンでは掬いとることができていない。このように，やりとりのパターンを分類することで，その発達的変化を把握しやすくなる利点がある一方，やりとりの分類の仕方によって見落とされてしまう事柄もありえる。分類の仕方を工夫するとともに，質的分析においてより精緻な検討をすることが求められる。

　また，研究4では，子ども同士の主張的やりとりの発達過程を検討する際

162　第4部　総　　括

に，保育者の関わりの影響についても検討に含めたが，乳児期の母子関係を対象とした Fogel et al.(2006) では，それ以外の他者との関係性については検討に含めていない。関係的―歴史的アプローチの枠組みにおいて，その研究の対象とする関係性と深い関わりがあると考えられる他者（たとえば，保育所の仲間関係を対象とした場合の保育者，母子関係を対象とした場合の父親など）を，どのように関係システムの分析に含め，その関係システム全体をいかに包括的に分析するかについても，さらなる検討を要すると考える。

8.3　実践への示唆

　前節では，研究1〜研究4で得られた知見が，関係的―歴史的アプローチの枠組みにおいてどのように解釈できるかについての考察を試みた。これは，主に，やりとりの発達過程に焦点を当てた考察である。一方，実践においては，やりとりのありようと同時に，そこでみられる個別の子どもの発達の姿を把握し，援助していくことが必要であるだろう。そこで，ここではやりとりにおいてみられる個別の発達についての知見も含めながら，本研究で得られた実践への示唆をまとめる。

　本論文では，研究1で，クラスに所属する子どもの誕生月を考慮した分析を行なったことで，誕生月により発達的軌跡に違いがあることが明らかになった。また，研究4では2人の子どもについて個別に自己主張を発達させていく過程を検討し，発達過程の共通性とともに個別性が示された。保育実践においては自明のことであると思われるが，一人ひとりの月齢や特性による違いを考慮しながら，発達過程をみていくことや援助していくことの必要性が実証的にも示されたといえよう。

　1歳後半から2歳頃に，他児に玩具を取られそうになって金切り声で拒否する姿や，近づいてくる他児を押して拒否を示す姿が多くみられたが，こうした強い自己主張は，それはそれで発達的に重要な意味を持つだろう。幼児

期の「荒れ」の問題から保育の見直しを提案している宮里（2003）も，1，2歳の時期に主張すべき自己やこだわりが育っているかを検討する必要性を指摘している。本論文で研究の対象とした保育所の保育者は，社会的ルールに反する行為を制止する介入をしながらも，自己主張や葛藤について基本的には肯定的に捉えており，そうした保育者の態度も不快情動を表出できる環境を作り出していたのかもしれない。

　一方で，2歳後半には，不快情動の表出は減少し，言葉によって自己主張することが増加していた。こうした自己主張のスキルは，他者との葛藤を調整し，関係性を形成・維持する上で必要なものだと考えられる。こうした発達的変化が，子ども同士のやりとりにおいてどのように生じるのかを把握することは，仲間関係の発達の援助を検討していくためにも有用なことであろう。研究3の結果，2歳前半に優勢であった自己主張し合って葛藤がエスカレートするやりとりのパターンを変化させるやりとりとして，2歳半頃に一方の子どもの相手の意図を考慮した発話により，他方の情動表出や行動の調整が促されるやりとりが生じることが見出された。こうした意図の通じ合いを含むやりとりにおいて，子どもが大きな喜びを経験することは，E児の事例からも伝わってくる。Eは，Aに絵本を後で貸してと依頼したのに対し，Aが「うん」とうなずいたことを，保育者に「『うん』だって，『うん』だって」と嬉しそうに報告するのである。こうした喜びの経験は，相手の意図も考慮しながら言葉で自己主張することを促す可能性が考えられる。木下（2011）も，「自分なりの思い」が生じる2歳代に，自分の思いが相手に伝わる経験をすることによって，2歳児が他者を求め，通じ合うことをますます希求するようになる可能性を指摘している。従来，先行研究では，子ども個人の自己主張スキルの発達が検討され，社会認知的な発達が貢献することが考察されてきた。しかし，本論文では，単に子どもが社会認知的発達に伴ってスキルフルな自己主張をするようになるというだけでなく，それによってやりとりのパターンが変化し，やりとりにおいて生じる情動経験も変化する

こと，そしてその経験がその後の自己主張の発達につながる可能性が考察された。研究4において，保育者が導入した「かして」や「あとでかして」といった交渉方略を，子どもが自ら使用するようにことが示されており，保育者がこうした自己主張や交渉のスキルを提示することは無論重要なことであろう。しかし，子どもの自己主張スキルのみに着目するのではなく，子どもが他児とどのようなやりとりをし，やりとりにおいてどのような情動経験をしているのかについても注意深く観察し，肯定的な情動が生まれるやりとりを経験できるよう援助していくことも必要ではないだろうか。

　では，こうしたやりとりが生じる背景として，保育者はどのように関わっているのだろうか。研究4では，この問題についての一つの示唆が得られた。まず，B児とE児に共通して，こうしたやりとりが生じる以前に，他児との関係性が反発し合う関係から変化し，一緒に遊ぶ場面や遊ぼうとする場面での自己主張がみられるようになった。こうした他児との友好的な関係性における好意的感情が，他児の意図を考慮したり，相手の発話を受け入れる動機づけとなっていることが考えられる。そして，こうした子ども同士の関係性が発達してくる背景には，保育者に対して不快情動を表出したり，援助を求めたりすることで形成された信頼関係が基盤となっている可能性が考察された。一方で，詳細な検討は行なっていないが，C児は全体として他児に対する自己主張が少なく，特にⅢ期になっておんぶをせがむなど保育者に甘えるようになって他児との関わりが極端に少なくなった。このことも，この時期の子どもにとって保育者との信頼関係が，他児に対して自己主張したり他児との関係性が育ってくるための基盤となる可能性の傍証となっているのではないだろうか。

　以上のことから，保育者が2歳頃までに生じてくる強い自己主張の背後にある子どもの思いを大切にし，主張すべき自己やこだわりを育てることや，この時期の子どもの「甘え」や自己主張に伴う不快情動を受け止め，信頼関係を築くことがその後の子ども同士の関係性の発達のために必要である可能

性が考えられる。さらに，子どもの自己主張スキルに着目するだけでなく，他児とのやりとりにおいて経験する情動経験にも注意し，肯定的な情動が生まれるやりとりを経験できるよう援助していくことの必要性が示唆された。

8.4　本論文の意義と今後の課題

　本論文の意義を簡潔にまとめた後に，研究の限界を指摘し，今後の課題を提示する。

8.4.1　本論文の意義
　本論文では，歩行開始期の仲間関係における自己主張の発達過程を明らかにすることを目的とし，2章で提示した課題に4つの研究を通じて取り組んだ。それぞれの課題について明らかになった点については，8.1，Table 8.1.1，Table 8.1.2に述べた通りである。先行研究において検討が不十分であったこれらの課題について検討できたことは，本論文の成果だといえるだろう。
　以上の課題に取り組むにあたっては，関係的―歴史的アプローチを参照しながら分析を行なうことを試みた。関係的―歴史的アプローチによって歩行開始期の仲間関係の発達を分析した研究はこれまでにあまりみられず，関係的―歴史的アプローチの有用性を示すとともに，より精緻な発達過程の理解に寄与したと考えられる。また，本論文では，以上の課題を量的分析と質的分析によって検討した。このように異なる研究方法などを組み合わせることは「トライアンギュレーション（triangulation）」と呼ばれ，ある現象を多様な視点から検討し，理解を深めるために有用な方法であるといわれる（Patton, 2002; Willig, 2003）。本論文でも，複数の分析方法を組み合わせることで，歩行開始期の仲間関係における自己主張の発達過程をより詳細に明らかにすることができたと考える。

166　第4部　総　括

　さらに，本研究の分析結果から得られた実践的な示唆として，8.3でも述べたように，先行研究において検討されてきた子ども個人のスキルの発達だけでなく，やりとりにおいて経験する情動経験，やりとりの変化に関わる他児との関係性やその基盤となる保育者との関係性に着目する必要性が挙げられる。こうした示唆が得られたことも，本論文で上記の課題に取り組んだ成果であると考える。

8.4.2　今後の課題

　第一に，本論文の4つの研究においては，東京都内の1公立保育所の1歳児クラスを対象とした縦断的観察によって得られたデータを分析しており，得られた知見の一般化可能性には限界がある。まず，対象とした保育所の特徴に関して，本研究が対象としたのは公立保育所で特別な介入方針はみられず，研究2でも研究の対象としたクラス担任の保育者の介入内容は先行研究と類似していることが確認された。しかし，こうした介入内容のカテゴリーにはあらわれない，介入のタイミングや介入時の態度などに違いがある可能性もある。今後は，複数の保育所を対象として，本論文の研究で得られた知見の妥当性についてさらなる検討をしていく必要があると考えられる。また，子どもの特徴に関して，研究3と研究4の結果は，比較的自己主張の多かった子どもについてあてはまるものであると考えられる。今後は，C児のような他児に対する自己主張が少ない子どもがどのように自己主張を発達させていくのかなど，子どもの特質の違いによる自己主張の発達の個人差に焦点を当てた分析を行なう必要があるだろう。

　第二に，本論文の研究では，1歳児クラスの1年間における発達過程の分析を行なったが，それ以降の発達との関連は明らかではない。従来，仲間関係については3歳以降を対象とした研究が数多く行なわれている。2歳代で生じた萌芽的な自己主張スキルが，その後の仲間関係における自己主張にどのようにつながっていくのかについても，より長期的な縦断研究を行なうこ

とで明らかにし，2歳までと3歳以降に関する研究のギャップを埋めていく作業が必要だろう。

　第三に，本論文では，研究2と研究4において保育者の関わりについて検討したものの，各保育者の個別性については問題にしていない。無論，保育者としての経験年数やその他の特性の違いにより，それぞれの保育者は子どもたちに対して固有の関わりをしていると考えられる。そして，本研究で示された自己主張の発達は，各保育者の固有の関わりとの相互作用によるものである可能性も否めない。しかし，本論文は子ども同士のやりとりを通じて自己主張が発達する過程に焦点を当てており，保育者の個別性まで追求していくと研究の目的が拡散してしまう危険性があった。保育の場において個別の保育者と個別の子どもが構成する関係性のシステムのありようや，その中で子どもが発達していく過程を精緻に記述していくことは今後の課題とする。

　第四に，本論文では，保育所の仲間関係における自己主張に焦点を当てた。保育所では，同年代の複数の子どもが生活を共にするという点が家庭とは異なる点の一つである。日々を共に過ごす中で，2歳という低年齢であっても，子ども同士で友好的な関係性を築いていく。そして，保育者の援助も受けながら子ども同士で関わる中で，言葉で主張し合いながら互いの意図を調整するやりとりが発達してくることが示された。一方で，子どもたちは家庭における親やきょうだいとの関係においても自己主張をし，そのスキルを発達させていくと考えられる。そうした家庭での経験と保育所での経験はどのように絡み合って，自己主張の発達に関わっているのだろうか。森田（2005）は，情動調整に関する研究を概観し，家庭と保育の場における情動調整が相互に連関している可能性を指摘したが，家庭での自己主張と保育の場での自己主張の連関性を実証的に検討した研究はあまり見当たらない。今後はこの点についても検討し，歩行開始期における自己主張の発達の様相を，子どもが経験する関係性全体を視野に入れて検討する必要があると考える。

　第五に，本論文においては，関係的―歴史的アプローチを参照したが，

168　第4部　総　括

8.2.2で指摘したように，関係的－歴史的アプローチはまだ発展の途中であり，さらに研究法を精緻化していくことが求められる。また，本論文では，関係的－歴史的アプローチの枠組みで分析を行なうには，観察データの収集に限界がある。筆者が関係的－歴史的アプローチに出会ったのは，観察を終え，観察データを予備的に分析したり何度も見直したりしながら問題意識を深めていく過程であり，関係的－歴史的アプローチに基づく観察デザインを計画することができなかった。そのため，発達過程を詳細に検討するには，個々の子どもの観察回数が十分でなかった可能性がある。今後は，個別の子どもについて定期的な観察を頻回行なうなど，発達過程をより精緻に検討するための観察を実施する必要があると考える。

　第六に，研究3や研究4では，事例の質的分析によって発達過程を検討しており，解釈の妥当性についての限界を認識しておく必要がある。筆者は2003年度に観察を行なって以来，繰り返しVTRや文字記録を見直しながら分析を進めてきており，発達過程の解釈に関しては他の研究者の意見を聞いた。しかし，さらに多くの研究者や保育者の意見を聞いたり，観察事例を増やすことにより，本論文で示した知見をより精緻化していきたいと考える。

終 章 まとめ

　本論文では，「歩行開始期の子ども同士のやりとりにおいて，言葉での自己主張は，どのような過程を経て生じてくるのだろうか」という問いを出発点として，関係的－歴史的アプローチを参照しながら，自己主張の発達過程を保育者の関わりを含めて分析した。以下に，研究１～研究４を通じて本論文の問いについて示唆されたことと，本論文の意義および今後の課題を簡潔に述べて本論文のまとめとする。

　本論文の問いについて示唆されたこと　「歩行開始期の子ども同士のやりとりにおいて，言葉での自己主張は，どのような過程を経て生じてくるのだろうか」という問いについて，本論文では以下のことが示唆された。

　まず，２歳後半には，不快情動の表出を伴わず，平静な口調の発話のみでやりとりするパターンが３割程度に増加した。序章で挙げた事例にも示されているように，「あとで」や「まって」を含む交渉表現も使用しながら，言葉で意図の相互調整をするやりとりが成立するようになったのである。本論文の問いとして提示した，言葉で自己主張し合うやりとりが，２歳後半に生じることが実証的にも示された。ただし，単に言葉での自己主張というだけでなく，平静な口調で自己主張し，他児との間で意図を調整する場合が生じたのである。

　一方，これより前の１歳後半から２歳頃の時期は，身体的攻撃や不快なトーンの発話など，不快情動の表出を伴う行動が多くみられ，平静な口調の発話を含まないやりとりのパターンが優勢であった。

　こうした不快情動を表出し合うやりとりから，上記の平静な口調の発話のみでやりとりするパターンへの移行過程の分析により，本論文の問いについて，以下のような示唆が得られた。

170 第4部 総 括

　まず，やりとりのパターンの変化は突如として生じるのではなく，2歳半ばに，不快情動の表出や相手の物を取るなどの行動と平静な口調の発話の両方を含む移行的なやりとりのパターンの割合が増加することが示された。その中でも特に，激しい葛藤に発展しそうな場面で，一方の子どもの相手の意図を考慮した発話によって，他方が情動や行動を調整するやりとりの経験が，平静な口調で意図調整するパターンへと変化するきっかけの一つとなる可能性が考察された。個別の発達過程について詳細に質的分析を行なったところ，こうしたやりとりが生じてくる時期には，保育者との信頼関係を基盤として他児との友好的な関係性が発展してくることが示された。こうした関係性の変化によって生じた，他児と友好的な関わりを持ちたいという気持ちが，自分の主張を通したいという気持ちに揺れを生じさせ，行動や情動表出を調整したり，相手の意図を考慮したりすることへの動機づけとなった可能性が考えられる。

　以上のように，本論文では，保育者や他児との関係性の変化と連動しながら，主張的やりとりが再組織化され，不快情動を表出せずに言葉で自己主張し合うようになる過程を示すことができたと考える。

本論文の意義と今後の課題　本論文の意義としては以下の点が指摘できる。まず，関係的―歴史的アプローチを参照することで，従来の研究ではあまり検討されてこなかった，個々の子どもの発達の道筋を考慮し，子ども同士の"やりとり"に焦点を当て，その発達の"過程"についてより詳細に検討できたと考える。また，自己主張に伴う不快情動，特に発声・発話の声の情動的トーンについても検討し，自己主張の発達がより精緻に明らかになった。さらに，保育者の関わりについても検討に含めたことで，保育所における他者との関係性を通じた自己主張の発達過程を，より包括的に捉えることができたのではないかと考える。

　ただし，上記の研究は，一保育所の一つのクラスを対象としたものであり，一般化可能性には限界がある。今後は，複数の保育所を対象として観察を行

なったり，他の研究者や保育者の意見を聞くなどして本研究の知見をさらに
精緻化していくことが求められる。

引 用 文 献

荒牧美佐子．（2008）．園における子育て支援の実際．無藤隆・安藤智子（編），*子育て支援の心理学―家庭・園・地域で育てる*（pp. 199-214）．東京：有斐閣．

麻生　武・伊藤典子．（2000）．1歳と2歳：他者の意図に従う力・逆らう力．岡本夏木・麻生武（編），*年齢の心理学：0歳から6歳まで*（pp. 63-101）．京都：ミネルヴァ書房．

朝生あけみ・斉藤こずゑ・荻野美佐子．（1991）．0～1歳児クラスのいざこざにおける保母の介入の変化．*山形大学紀要：教育科学*，**10**，217-228．

Bakeman, R., & Gottman, J.M. (1997). *Observing interaction: An introduction to sequential analysis (2nd ed.)*. New York: Cambridge University Press.

Bayer C.L., Whaley, K.L., & May, S.E. (1995). Strategic assistance in toddler disputes: II. Sequences and patterns of teachers' message strategies. *Early Education and Development*, **6**, 405-432.

Bridges, K.M.B. (1933). A study of social development in early infancy. *Child Development*, **4**, 36-49.

Bronson, R., & Gottman, J. (1975). Peer-peer interactions in the second year of life. In M. Lewis & L. A. Rosenblum (Eds.), *Friendship and peer relations* (pp. 131-152). New York: Wiley.

Brownell, C.A., & Kopp, C. B. (2007). Transitions in toddler socioemotional development: Behavior, understanding, relationships. In C. A. Brownell & C.B. Kopp (Eds.), *Socioemotional development in the toddler years: Transitions & transformations* (pp. 1-40). New York: Guilford Press.

Brownell, C.A., Ramani, G.B., & Zerwas, S. (2006). Becoming a social partner with peers: Cooperation and social understanding in one- and two-year-olds. *Child Development*, **77**, 803-821.

Caplan, M., Vespo, J., Pedersen, J., & Hay, D.F. (1991). Conflict and its resolution in small groups of one- and two-year-olds. *Child Development*, **62**, 1513-1524.

Corbin, J. & Strauss, A. (2008). *Basics of qualitative research 3e: Techniques and procedures for developing grounded theory*. California: Sage Publications, Inc.

Crockenberg, S. & Litman, C. (1990). Autonomy as competence in 2-years-olds: Maternal correlates of child defiance, compliance, and self-assertion. *Developmen-*

174   引 用 文 献

tal Psychology, **26**, 961-971.

Dawe, H. (1934). An analysis of two hundred quarrels of preschool children. *Child Development*, **5**, 139-157.

Dietz, L.J., Jennings, K.D., & Abrew, A.J. (2005). Social skill in self-assertive strategies of toddlers with depressed and nondepressed mothers. *Journal of Genetic Psychology*, **166**, 94-116.

Dix, T., Stewart, A.D., Gershoff, E.T., & Day, W.H. (2007). Autonomy and children's reactions to being controlled: Evidence that both compliance and defiance may be positive markers in early development. *Child Development*, **78**, 1204-1221.

Dunn, J., & Munn, P. (1987). Development of justification in disputes with mother and sibling. *Developmental Psychology*, **23**, 791-798.

Eckerman, C.O. (1993). Toddlers' achievement of coordinated action with conspecifics: A dynamic systems perspective. In L.B. Smith & E. Thelen (Eds.), *A dynamic systems approach to development: Applications* (pp. 333-357). Cambridge: The MIT Press.

Eckerman, C.O., & Didow, S.M. (1996). Nonverbal imitation and toddlers' mastery of verbal means of achieving coordinated action. *Developmental Psychology*, **32**, 141-152.

Eckerman, C.O., Whatley, J.L., & Kutz, S.L. (1975). Growth of social play with peers during the second year of life. *Developmental Psychology*, **11**, 42-49.

Eisenberg, A.R., & Garvey, C. (1981). Children's use of verbal strategies in resolving conflicts. *Discourse Processes*, **4**, 149-170.

遠藤利彦. (2005). 発達心理学の新しいかたちを探る. 遠藤利彦 (編著), *心理学の新しいかたち 第6巻 発達心理学の新しいかたち* (pp. 3-52). 東京：誠信書房.

Fagot, B.I., Hagan, R., Leinbach, M.D., & Kronsberg, S. (1985). Differential reactions to assertive and communicative acts of toddler boys and Girls. *Child Development*, **56**, 1499-1505.

Fogel, A. (1993). *Developing through relationships: Origins of communication, self, and culture*. Chicago: The University of Chicago Press.

Fogel, A., Garvey, A., Hsu, H., & West-Storming, D. (2006). *Change processes in relationships: A relational-historical research approach*. New York: Cambridge University Press.

Fogel, A. & Thelen, E. (1987). Development of early expressive and communicative action: *Reinterpreting the evidence from a dynamic systems perspective*. Developmental Psychology, **23**, 747-761.

Glaser, B., & Strauss, A. L. (1996). データ対話型理論の発見（後藤隆・大江春江・水野節夫訳）. 東京：新曜社. (Glaser, B., & Strauss, A.L. (1967). The discovery of grounded theory: Strategies for qualitative research. New York: Aldine Publishing Company.)

Granott, N. & Parziale, J. (2002). Microdevelopment: A process-oriented perspective for studying development and learning. In N. Granott & J. Parziale (Eds.) Microdevelopment: Transition processes in development and learning (pp. 1-28). Cambridge: Cambridge University Press.

南風原朝和. (2011). *臨床心理学を学ぶ7 量的研究法*. 東京：東京大学出版会.

南風原朝和・小松孝至 (1999). 発達研究の観点から見た統計―個の発達と集団統計量との関係を中心に. 日本児童研究所（編）, *児童心理学の進歩, vol. 38* (pp. 213-233). 東京：金子書房.

Hay, D.F. (2005). The beginnings of aggression in infancy. In R.E. Tremblay, W. W.Hartup, & J. Archer (Eds.), *Developmental origins of aggression* (pp. 107-132). New York: The Guilford Press.

Hay, D.F. (2006). Yours and mine: Toddlers' talk about possessions with familiar peers. *British Journal of Developmental Psychology*, **24**, 39-52.

Hay, D.F., Caplan. M., & Nash, A. (2009). The beginnings of peer relations. In K. H.Rubin, W.M. Bukowski, & B. Laursen (Eds.), *Handbook of peer interactions, relationships, and groups* (pp. 121-142). New York: The Guilford Press.

Hay, D.F., Castle, J., & Davies, L. (2000). Toddlers' use of force against familiar peers: A precursor of serious aggression? *Child Development*, **71**, 457-467.

Hay, D.F., Nash, A., & Pedersen, J. (1983). Interaction between six-month-old peers. *Child Development*, **54**, 557-562.

Hay, D.F., Payne, A., & Chadwick, A. (2004). Peer relations in childhood. *Journal of Child Psychology and Psychiatry*, **45**, 84-108.

Hay, D.F., & Ross, H.S. (1982). The social nature of early conflict. *Child Development*, **53**, 105-113.

Holmberg, M.C. (1980). The development of social interchange patterns from 12 to 42 months. *Child Development*, **51**, 448-456.

176   引 用 文 献

本郷一夫. (1996). 2歳児集団における「異議」に関する研究：子どもの年齢と年齢差の影響について. *教育心理学研究*, **44**, 435-444.

本郷一夫・杉山弘子・玉井真理子. (1991). 子ども間のトラブルに対する保母の働きかけの効果：保育所における1～2歳児の物をめぐるトラブルについて. *発達心理学研究*, **1**, 107-115.

Howes, C. (1987). Social competence with peers in young children: Developmental sequences. *Developmental Review*, **7**, 252-272.

Howes, C., Hamilton, C.E., & Catherine, C.M. (1994). Children's relationship with peers: Differential associations with aspects of the teacher-child relationship. *Child Development*, **65**, 253-263.

Hubbard, J.A. (2001). Emotion expression processes in children's peer interaction: The role of peer rejection, aggression, gender. *Child Development*, **72**, 1426-1438.

Hughes, C. & Dunn, J. (2007). Children's relationships with other children. In C. A. Brownell & C.B. Kopp (Eds.), *Socioemotional Development in the toddler years: Transitions & Transformations* (pp. 117-200). New York: Guilford Press.

井森澄江. (1997). 仲間関係と発達. 井上健治・久保ゆかり (編), *子どもの社会的発達* (pp. 50-69). 東京：東京大学出版会.

狩野裕・三浦麻子. (2002). *AMOS, EQS, CALIS によるグラフィカル多変量解析：目で見る共分散構造分析* (増補版). 京都：現代数学社.

川田　学・塚田-城みちる・川田暁子. (2005). 乳児期における自己主張性の発達と母親の対処行動の変容：食事場面における生後5ヶ月から15ヶ月までの縦断研究. *発達心理学研究*, **16**, 46-58.

木下孝司. (2011). ゆれ動く2歳時の心―自分なりの思いが宿る頃. 木下孝司・加用文男・加藤義信 (編), *子どもの心的世界のゆらぎと発達―表象発達をめぐる不思議―*(pp. 37-63). 京都：ミネルヴァ書房.

Kopp, C.B. (1982). Antecedents of self-regulation: A developmental perspective. *Developmental Psychology*, **18**, 199-214.

Kuczynski, L., & Kochanska, G. (1990). Development of children's noncompliance strategies from toddlerhood to age 5. *Developmental Psychology*, **26**, 398-408.

Kuczynski, L., Kochanska, G., Radke-Yarrow, M., & Girnius-Brown, O. (1987). A evelopmental interpretation of young children's noncompliance. *Developmental*

Psychology, **23**, 799-806.

倉持清美. (1992). 幼稚園の中のものをめぐる子ども同士のいざこざ：いざこざで使用される方略と子ども同士の関係. *発達心理学研究*, **3**, 1-8.

Laursen, B., & Hartup, W.W. (1989). The dynamics of preschool children's conflicts. *Merrill-Palmer Quarterly*, **35**, 281-297.

Lavelli, M., Pantoja, A.P.F., Hsu, H., Messinger, D., & Fogel, A. (2005). Using microgenetic designs to study change processes. In D.M. Teti (Ed.), *Handbook of research methods in developmental science* (pp. 40-65). Oxford: Blackwell Publishing.

Lewis, M. D. & Granic, I. (2000). Introduction: A new approach to the study of emotional development. In M. Lewis & I Granic (Eds.) Emotion, development, and self-organization: Dynamic systems approaches to emotional development (pp. 1-12). Cambridge: Cambridge University Press.

松永あけみ. (2001). 「いい子」づくりを急ぐ保育の問題—いざこざ, トラブル, 葛藤を通して育つ子どもたち. *発達*, No. 86, Vol. 22, 25-32. 京都：ミネルヴァ書房.

松永（朝生）あけみ・斉藤こずゑ・荻野美佐子. (1993). 保育園の 0 ～ 1 歳児クラスの子ども同士のいざこざにおける社会的能力の発達. *山形大学紀要：教育科学*, **10**, 505-517.

Maudry, M., & Nekula, M. (1939). Social relations between children of the same age during the first two years of life. *Journal of Genetic Psycology*, **54**, 193-215.

宮里六郎. (2003). 「荒れる子」「キレる子」を通して保育を見直す. 保育研究所（編）, *子どもの「変化」と保育実践—「荒れる」「キレる」をのりこえる, 保育情報臨時増刊号 (No. 314)* (pp17-30). 東京：全国保育団体連絡会.

森田祥子. (2005). 乳幼児の情動調整の発達に関する研究の概観と展望—保育の場を視野に入れた情動調整の発達の理解を目指して—. *東京大学大学院教育学研究科紀要*, **44**, 181-189.

荻野美佐子. (1986). 低年齢児集団保育における子ども間関係の形成. 無藤隆・内田伸子・斎藤こずゑ（編）, *子ども時代を豊かに：新しい保育心理学* (pp. 18-58). 東京：学文社.

Pantoja, A.P.F. (2001). A narrative-developmental approach to early emotions. *Forum Qualitative Sozialforschung/Forum: Qualitative Social Research* [On-line journal], 2(3), Art. 14.

Patton, M.Q. (2002). *Qualitative research & evaluation methods (3 edition)*. California: Sage Publications, Inc.

Pellegrini, A. D., Symons, F. J. & Hoch, J. (2004). *Observing children in their natural worlds: a methodological primer 2nd ed.* New Jersey: Lawrence Erlbaum Associates.

Polkinghorne, D.E. (1995). Narrative configuration in qualitative analysis. *Qualitative Studies in Education*, **8**, 5–23.

Rubin, K.H., & Ross, H.S. (1982). Introduction: Some reflections on the state of the art: The study of peer relationships and social skills. In K.H. Rubin & H.S. Ross (Eds.) *Peer relationships and social skills in childhood* (pp. 1-8). New York: Springer-Verlag.

斎藤こずゑ. (1986). 仲間関係. 無藤隆・内田伸子・斎藤こずゑ（編），子ども時代を豊かに：新しい保育心理学 (pp. 59-111). 東京：学文社.

坂上裕子. (2002). 歩行開始期における母子の葛藤的やりとりの発達的変化：一母子における共変化過程の検討. 発達心理学研究, **13**, 261-273.

坂上裕子. (2005). 子どもの反抗期における母親の発達－歩行開始期の母子の共変化過程. 東京：風間書房.

Shantz, C.U. (1987). Conflicts between children. *Child Development*, **58**, 283-305.

Siegler, R.S. & Crowley, K. (1991). The microgenetic method: A direct means for studying cognitive development. *American Psychologist*, **46**, 606-620.

Smiley, P.A. (2001). Intention understanding and partner-sensitive behaviors in young children's peer interactions. *Social Development*, **10**, 330-354.

Smith, L. B. & Thelen, E. (1993). Can dynamic systems theory be usefully applied in areas other than motor development? In L.B. Smith & E. Thelen (Eds.), *A dynamic systems approach to development: Applications* (pp. 151-170). Cambridge: The MIT Press.

杉山弘子. (2000a). 1歳児. 心理科学研究会（編），育ちあう乳幼児心理学：21世紀に保育実践とともに歩む (pp. 105-122). 東京：有斐閣.

杉山弘子. (2000b). 2歳児. 心理科学研究会（編），育ちあう乳幼児心理学：21世紀に保育実践とともに歩む (pp. 123-142). 東京：有斐閣.

鈴木亜由美. (2010). 幼児における自己主張行動の発達的研究：3～4歳児の縦断的観察からの検討. 発達研究, **24**, 85-94.

高濱裕子. (1995). 自己主張タイプ児の遊びをめぐる交渉の発達. 発達心理学研究,

6, 155-163.

高坂聡. (1996). 幼稚園児のいざこざに関する自然観察的研究：おもちゃを取るための方略の分類. 発達心理学研究, **7**, 62-72.

Thompson, R. A., & Goodvin, R. (2007). Taming the tempest in the teapot: Emotion Regulation in toddlers. In C. A. Brownell & C. B. Kopp (Eds.), *Socioemotional development in the toddler years: Transitions & transformations* (pp. 320-341). New York: The Guilford Press.

塚田-城みちる. (2008). 12ヶ月時から24ヶ月時における子どもの行為制御の発達：親子間の事物をめぐる葛藤の変化に注目して. 発達心理学研究, **19**, 331-341.

渡邉保博. (2003). 「まるごと受け止め」られることを求める子どもたちと安心・安定できる生活づくり. 保育研究所 (編), 子どもの「変化」と保育実践ー「荒れる」「キレる」をのりこえる, 保育情報臨時増刊号 (No. 314) (pp17-30). 東京：全国保育団体連絡会.

Willig, C. (2003). 心理学のための質的研究法入門ー創造的な探求に向けて (上渕寿・大家まゆみ・小松孝至. 共訳.) (Willig, C. (2001) *Introducing qualitative research in psychology: Adventures in theory and method*. Buckingham: Open University Press.)

山本愛子. (1995). 幼児の自己調整能力に関する発達的研究ー幼児の対人葛藤場面における自己主張解決方略についてー. 教育心理学研究, **43**, 42-51.

山本愛子. (1996). 子どもの自己調整 (self-refulation) に関する最近の研究動向. 広島大学教育学部紀要第一部 (心理学), **45**, 191-199.

山本登志哉. (1991). 幼児に於ける『先古の尊重』原則とその機能：所有の個体発生をめぐって. 教育心理学研究, **39**, 122-132.

山本登志哉. (2000). 2歳と3歳：群れ始める子どもたち自律的集団と三極構造. 岡本夏木・麻生 武 (編), 年齢の心理学：0歳から6歳まで (pp. 103-141). 京都：ミネルヴァ書房.

山本登志哉. (2002). 他者の期待と自己の展開ー自立に向かう幼児たち 社会・情動発達とその支援. 須田治・別所哲 (編), 社会情動発達とその支援 (pp. 108-116). 京都：ミネルヴァ書房.

付　記

　本論文の一部は下記の既刊の論文をもとに執筆された。

・野澤祥子．（2011）．１～２歳の子ども同士のやりとりにおける自己主張の
　　発達的変化．*発達心理学研究*，**22**，pp. 22-32.

　　（２章 pp. 19-21，３章 pp. 34-36，４章 pp. 39-52.）

・野澤祥子．（2013）．歩行開始期の仲間同士における主張的やりとりの発達
　　過程：保育所１歳児クラスにおける縦断的観察による検討．*発達心理学
　　研究*，**24**，pp. 139-149.

　　（２章 pp. 21-22，３章 pp. 34-36，６章 pp. 66-80.）

　以上の論文については，発行者である一般社団法人日本発達心理学会から
転載の許可を得ている。

・野澤祥子．（2011）．１～２歳児の葛藤的やりとりにおける自己主張に対す
　　る保育者の介入－子どもの行動内容との関連の検討－．*東京大学大学院
　　教育学研究科紀要*，**50**，pp. 139-148.

　　（２章 pp. 22-23，５章 pp. 54-64.）

謝　辞

　本書は平成25年に東京大学大学院教育学研究科に提出した博士論文に加筆修正を加え，独立行政法人日本学術振興会平成28年度科学研究費助成事業（科学研究費補助金・研究成果公開促進費）（学術図書・課題番号16HP5186）の交付を受けて出版されるものです。

　博士論文をまとめるにあたり，多くの方々にお世話になりました。心より感謝いたします。

　約1年にわたる観察に協力してくださった保育所の先生方と園児の皆様に心から感謝の意を表します。

　博士論文審査にあたり貴重なご助言をくださいました東京大学大学院教育学研究科の遠藤利彦先生，佐々木正人先生，針生悦子先生，秋田喜代美先生，能智正博先生にあらためてお礼申し上げます。

　大学院に進学してから博士論文をまとめるまでに3人の指導教官の先生に指導していただきました。田中千穂子先生には，現場で感じた自分の思いを言葉にすることの大切さを教えていただきました。南風原朝和先生には，統計的な分析手法について丁寧にご指導していただきました。遠藤利彦先生には，論文をまとめる際に的確なアドバイスをいただきました。博士論文の執筆には長い時間がかかりましたが，先生方があたたかく見守り，ご指導くださったことが研究を続けるための大きな力となりました。心から感謝しております。

　研究の過程では，高辻千恵さん，猿渡知子さん，武田奈穂さんに手伝っていただきました。どうもありがとうございました。高辻さんや猿渡さんとは，大学院生活を共にさせていただきました。当時，発達心理学専攻の学生は数少なく，お二人の存在は心の支えでした。現在でもいろいろとお世話になっ

ておりますことに，この場を借りてお礼申し上げます。

　最後に，いつも様々な面で支えてくれている夫と息子，博士論文執筆中に無事に生まれてきてくれた娘に感謝したいと思います。

　　平成28年11月

　　　　　　　　　　　　　　　　　　　　　　野　澤　祥　子

著者略歴

野澤　祥子（のざわ　さちこ）

1977年　茨城県に生まれる
2010年　東京大学大学院教育学研究科博士課程単位取得退学
2013年　博士（教育学）・東京大学
2014年　東京家政学院大学現代生活学部児童学科准教授
2016年　東京大学大学院教育学研究科附属発達保育実践政策学センター准教授

主な著書
『家庭支援論』ミネルヴァ書房，2016年（分担執筆）
『親子関係の生涯発達心理学』風間書房，2011年（分担執筆）

主な翻訳書
『保育者のストレス軽減とバーンアウト防止のためのガイドブック
　　―心を元気に　笑顔で保育―』福村出版，2011年（共訳）

歩行開始期の仲間関係における自己主張の発達過程に関する研究

2017年2月10日　初版第1刷発行

著　者　　野　澤　祥　子

発行者　　風　間　敬　子

発行所　　株式会社風　間　書　房
〒101-0051　東京都千代田区神田神保町1-34
電話 03(3291)5729　FAX 03(3291)5757
振替 00110-5-1853

印刷　太平印刷社　　製本　井上製本所

©2017　Sachiko Nozawa　　　　　　NDC分類：143
ISBN978-4-7599-2166-3　　Printed in Japan
[JCOPY]〈㈳出版者著作権管理機構　委託出版物〉
本書の無断複製は，著作権法上での例外を除き禁じられています。複製される場合はそのつど事前に㈳出版者著作権管理機構（電話 03-3513-6969，FAX 03-3513-6979，e-mail: info@jcopy.or.jp）の許諾を得てください。